Backgammon für Anfänger

humboldt
Freizeit

Weitere interessante Titel für jung und alt:

Weitere Titel in Vorbereitung

Backgammon für Anfänger

Von Horst Dieter Anderheiden

humboldt-taschenbuch 667

Umschlagfoto und -gestaltung: Christa Manner, München
Schemata im Innenteil: Autor

Hinweis für den Leser:
Alle Angaben ohne Gewähr

© 1991 by Humboldt-Taschenbuchverlag Jacobi KG, München
Druck: Presse-Druck Augsburg
Printed in Germany
ISBN 3-581-66667-7

1 2 3 * 93 92 91

Inhalt

Vorwort

Im Backgammon sind Mühe und Spielesfleiß.

Im Backgammon sind Sonne, Sorge und Schweiß.

Im Backgammon ist Geist aus vielen Ländern.

Im Backgammon sind Schöpfung, Hoffnung und Bangen.

Im Backgammon sind Jahre eingefangen.

Im Backgammon sind Wahrheit, Leben und Segen.

Im Backgammon ist Pendelschlag der Zeit. Wir selbst sind ein Teil hiervon.

Im Backgammon, da spiegelt sich das Leben.

Vom Ursprung des Backgammon

Die Historiker behaupten, Backgammon sei das älteste Brettspiel der Welt. Seinen Ursprung kann man aber historisch nicht exakt belegen, im Gegensatz zum Schachspiel, das ca. 570 n. Chr. in Indien erdacht wurde.

Backgammon soll von den Sumerern erdacht worden sein. Die Geschichte dieses Volkes ist bis ca. 1800 v. Chr. belegt.

Nach den bisherigen Recherchen soll das Backgammon-Spiel von dem Brettspiel *Vibhitaka* abstammen.

Ein Spielbrett dieses Urspiels wird auf ca. 3000 v. Chr. datiert und ist in Babylon entdeckt worden. Das Vibhitaka wurde mit Samenkörnern gespielt. Als Weiterentwicklung ging daraus das *Pachisi*-Spiel hervor; hierbei handelte es sich um ein Spiel auf einem mit Muscheln bzw. Steinen besetzten Brett.

Zusammengefaßt läßt sich die Vermutung aufstellen, daß das Urspiel Vibhitaka war, die nächste Stufe das Pachisi- und Campur-Spiel.

Die Spur des Backgammon führt über die Sumerer zu den Indern, Ägyptern, Persern, Griechen und Römern. Letztere haben dieses Spiel dann nach Europa gebracht. Die erste schriftliche Niederlegung der Regeln des Backgammon-Spiels findet sich bei PLATO, die Spielregeln haben sich bis heute nicht wesentlich verändert. Eine Zeitlang war England die Hochburg des Backgammon, bis es Mitte des 12. Jahrhunderts nach Deutschland kam. Im 17. Jahrhundert entwickelten sich die bis heute gültigen Spielzüge.

Den Engländern sagt man die Bezeichnung des Spieles nach. Backgammon bezeichnet man als »Spiel auf der Rückseite«. In früheren Zeiten befanden sich auf der Rückseite von Schachbrettern Backgammon-Spielfelder. In seiner jetzigen Form wird Backgammon international gespielt. In vielen Ländern, z. B. Amerika, Dänemark, Frankreich, England, Italien, Spanien, Österreich und Deutschland, werden große Turniere veranstaltet.

Alljährlich findet im Juli in Monte Carlo die Backgammon-Weltmeisterschaft statt.

1988 stellte Deutschland die Weltmeister in allen Klassen.

Zu diesem Buch:

Neu und einzigartig an diesem Backgammon-Buch ist die Kombination von Praxis und erfolgreicher Theorie. Sie werden nicht zu passivem Erkennen von Spielsituationen gezwungen, sondern sind aktiv beteiligt – mit dem Ziel, Ihre Fähigkeiten zu erfolgreichen Spielen zu schulen.

Sie werden bald das Wesentliche an gewissen Stellungen erkennen, um die angemessenen Züge zu erfassen. Dieses Buch beginnt mit Grundaufstellungen und wird von Spielbeginn bis Spielende kommentiert. Sie bekommen in den Übungsteilen die Augenzahlen vorgegeben und müssen die jeweils richtigen Spielzüge herausfinden.

Die Lösungen können Sie dann nachstehend kontrolliert und erläutert finden.

Der entscheidende Vorteil dieses Buches besteht darin, daß Sie »spielend« und aktiv Backgammon-Probleme, Spielzüge und Spielvarianten besser analysieren und trainieren können.

Autor und Verlag

Spielausrüstung und -erläuterung

Das Backgammon-Spiel besteht aus einem Spielbrett mit 24 dreieckigen Zacken, die farblich in jeweils 12 weiße und 12 schwarze Zacken (es können auch andersfarbige Zacken sein) unterteilt sind. Zur weiteren Spielausrüstung gehören 30 runde Steine, die sich ebenfalls farblich unterscheiden, in 15 weiße und 15 schwarze Steine. Des weiteren werden zwei Würfel und zwei Würfelbecher benötigt. Zu guter Letzt ist noch ein Dopplerwürfel, der die Zahlen von 2 bis 64 in den Zweierpotenzen aufweist, erforderlich.

Wie läuft Backgammon ab?

Der Sinn des Spiels besteht darin, seine Steine von der Grundaufstellung in sein Heimfeld einzubringen und sodann alle 15 Steine aus dem Spielfeld zu würfeln.

Durch Strategie, z. B. Bau von Blockaden, soll der Gegner am Vorwärtskommen gehindert werden, wobei kluge Kombinationen den Spielverlauf positiv bestimmen.

Sieger ist der Spieler, der zuerst alle Steine durch Würfeln vom Spielfeld entfernt hat.

Das Spiel gliedert sich in eine Eröffnungsphase, in ein Mittel- und Endspiel. Des weiteren gibt es noch die Spielvarianten, wie Lauf-, Blockade- und Rückspiel.

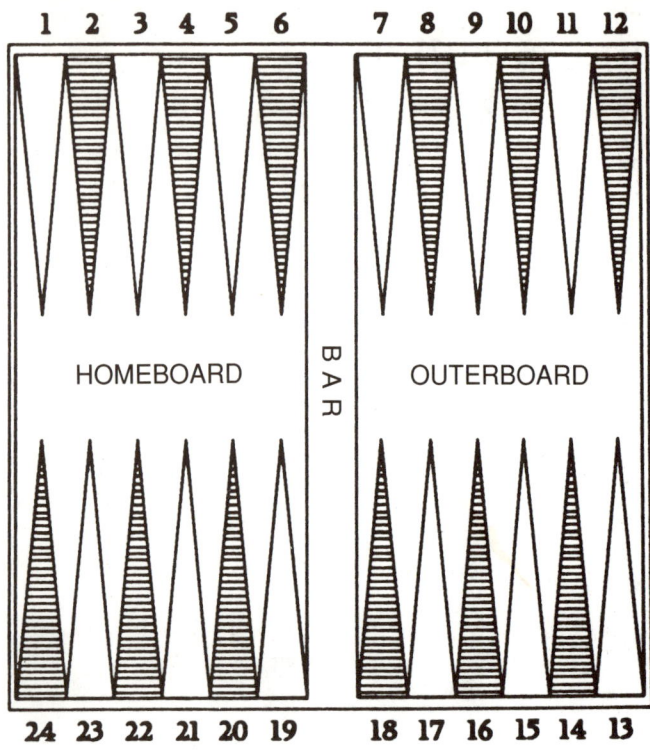

Die Abbildung zeigt Ihnen ein Backgammon-Spielfeld, das als *Back-gammon-Board* bezeichnet wird. Stellen Sie sich bitte einen aufge-schlagenen Backgammon-Koffer vor.

Die Spielfelder sind durch einen Längsstreifen bzw. eine Längsleiste, auch *Bar* genannt, unterteilt oder auch getrennt.

Je nach Aufstellung der Steine ist die linke Hälfte das Heimfeld (das *Homeboard*) und die rechte Seite das Außenfeld (das *Outerboard*).

Damit Sie die Spielzüge besser nachvollziehen können, werden die Zacken fortlaufend numeriert (von 1–24).

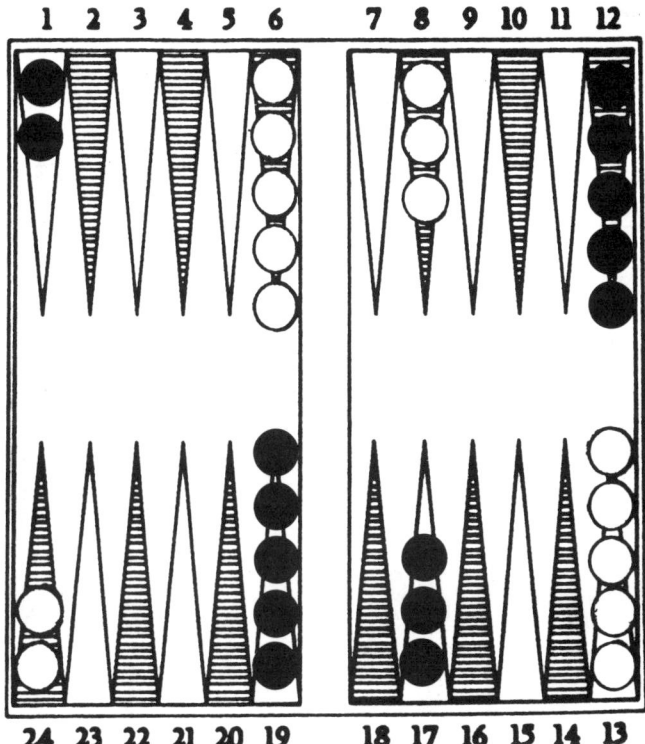

Hier sehen Sie die Grundaufstellung des Backgammon-Spiels. Diese Aufstellung hat bei allen Spielern ihre Gültigkeit.

Sie bauen Ihre Backgammon-Steine, auch *Blots* genannt, also wie oben gezeigt auf.

Die Zacken werden als *Points* bezeichnet.

In diesem Buch wird generell von folgender Grundaufstellung ausgegangen (siehe oben):

- zwei Steine auf Point 1,
- fünf Steine auf Point 12,
- drei Steine auf Point 17 und,
- fünf Steine auf Point 19.

Demzufolge ist Ihr Homeboard auf der linken unteren Seite (von Point 19–24) und das Outerboard auf der rechten Seite.

Da Ausnahmen bekanntlich die Regel bestätigen, besteht auch die Möglichkeit, die Grundaufstellung spiegelverkehrt aufzubauen.

Nachfolgend erhalten Sie einen Überblick der beiden möglichen Grundaufstellungen.

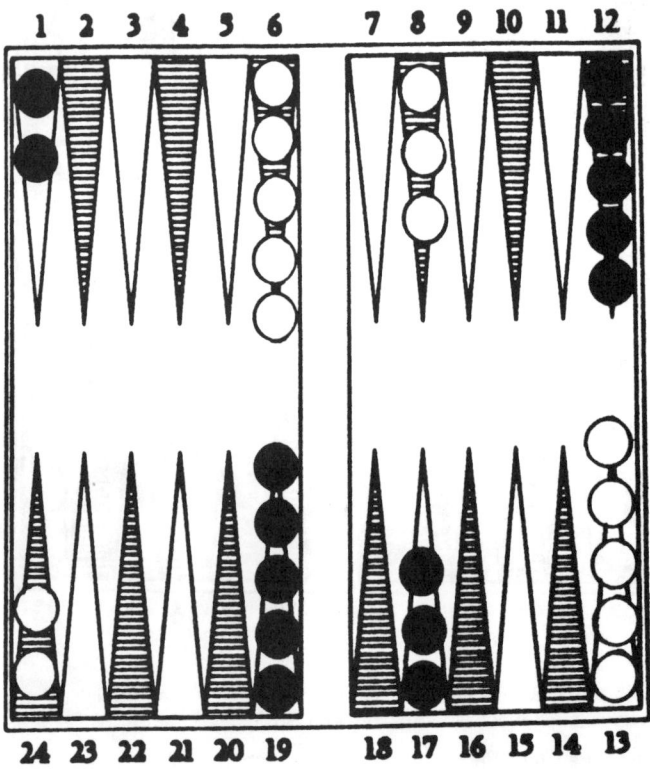

Welche Grundaufstellung Sie später bevorzugen, ist Ihnen überlassen. Es gibt keine Vorschrift, auf welcher Seite die Aufstellung vorzunehmen ist. Auch ist es den Spielern überlassen, mit welchen farblichen Steinen sie spielen möchten.

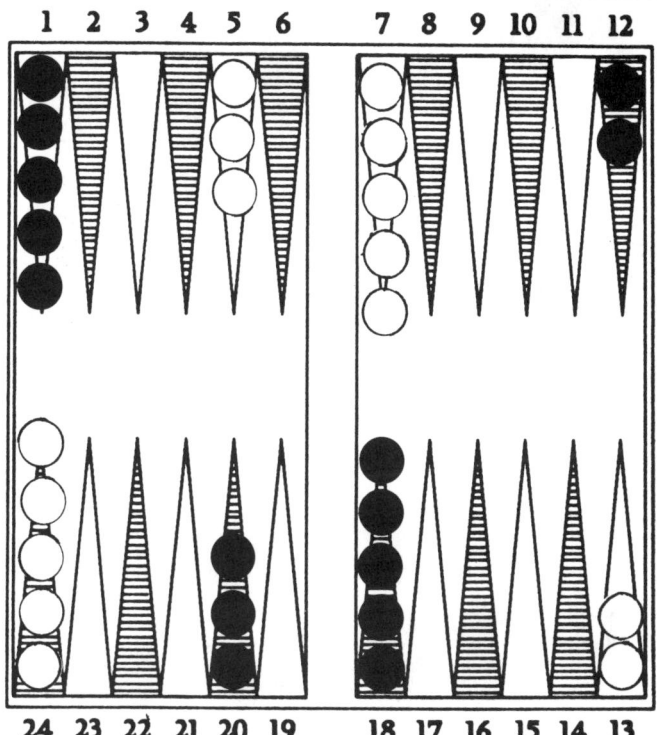

Da Ihr Gegenspieler seine Steine synchron aufbaut, müssen Sie sich mit ihm natürlich über die Grundaufstellung einigen. Bei Unstimmigkeiten würfeln beide, und wer die höchste Augenzahl hat, bestimmt die Aufstellung.

Übungen

Fragen:

Bevor Sie weitere Spielerläuterungen erhalten, haben Sie Gelegenheit, das bisher erworbene Wissen zu überprüfen.

Nachfolgend werden Ihnen Fragen gestellt, deren Lösungen sich auf der nächsten Seite befinden.

1 Was heißt Backgammon?

2 Was ist die Bar?

3 Was ist ein Blot?

4 Was ist ein Board?

5 Was ist ein Homeboard und ein Outerboard?

6 Wie ist die Grundaufstellung des Spiels?

7 Was ist ein Point?

Lösungen:

1. Backgammon heißt Spiel auf der Rückseite.

2. Die Bar ist die Abtrennung zwischen dem linken und rechten Spielfeld, also der Mittelstreifen des Spiels.

3. Ein Blot ist ein einzelner Backgammon-Spielstein.

4. Als Board bezeichnet man das Backgammon-Spielbrett.

5. Das Homeboard ist das Heimfeld und das Outerboard das Außenfeld.

6. Die Grundaufstellung ist wahlweise, entweder:

    - zwei Steine auf Point 1,
    - fünf Steine auf Point 12,
    - drei Steine auf Point 17 und,
    - fünf Steine auf Point 19,

        oder

    - zwei Steine auf Point 12,
    - fünf Steine auf Point 1,
    - drei Steine auf Point 20 und,
    - fünf Steine auf Point 18.

7. Als Point wird ein einzelner Zacken oder das Dreieck in den Spielfeldern bezeichnet.

Die Spielrichtung

Ihre Grundaufstellung ist, wie unten dargestellt:

Demzufolge befindet sich links unten (von Point 24 bis 19) Ihr Homeboard. Diese Grundaufstellung wird künftig immer in diesem Buch verwendet.

Sie ziehen grundsätzlich mit den schwarzen Steinen. Da Sie alle Ihre Steine, die ja auf dem gesamten Spielfeld verteilt sind, in das Homeboard einbringen müssen, stellt sich die Frage, in welcher Form die Steine zu bewegen sind.

Sie müssen Ihre Blots von Point 1, Point 12 und Point 17 in Ihr Homeboard ziehen, d.h., Sie dürfen die Steine nur vorwärts bewegen. Die Blots dürfen nicht rückwärts gespielt werden.

Die Steine werden also nur in Pfeilrichtung (s. Schaubild, unten) bewegt. Bei Point 12 bis Point 13 erfolgt beim Spielzug ein Sprung ins andere Feld; das Spielbrett endet am Point 12 nicht; gedanklich ist hier eine ovale Spielbahn.

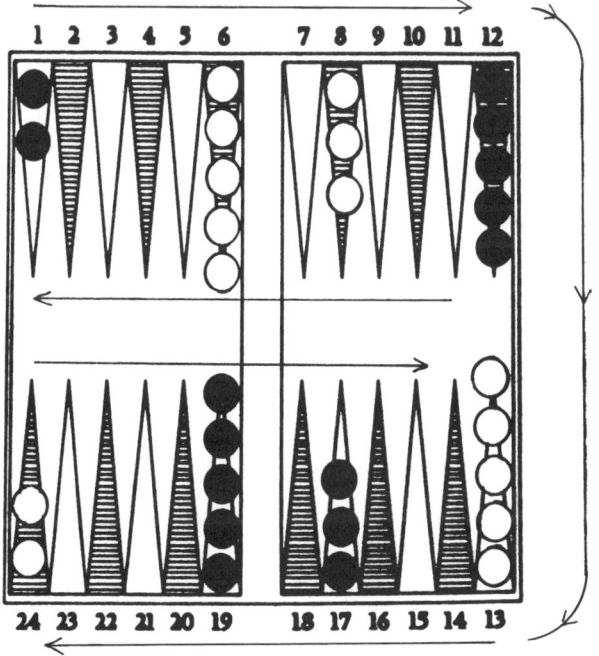

Ist die Grundaufstellung seitenverkehrt, ist die Ziehrichtung der Steine natürlich entsprechend anders (s. Schaubild, unten).

Ihr Gegenspieler hat das Ziel, seine Steine von Point 13 usw. in sein Heimfeld (Point 7–12) zu spielen.

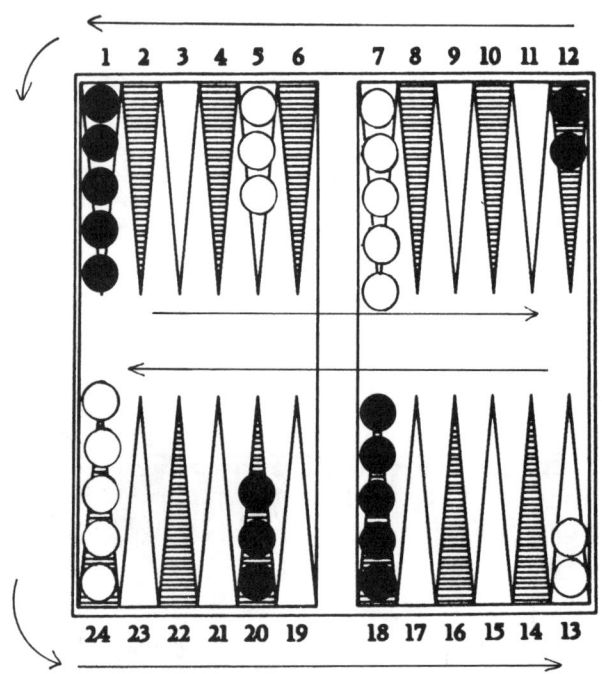

Das Ziehen der Steine

Wie bereits erwähnt, dürfen die Steine nur vorwärts bewegt werden. Nachdem beide Spieler ihre Steine in die Grundaufstellung gebracht haben, wird mit je einem Würfel gespielt.

Diese Regelung besteht nur für die Eröffnung. Nach dem Eröffnungswurf setzen beide Spieler das Spiel mit zwei Würfeln fort.

Mit dem ersten Spielzug kann der beginnen, der die höchste Augenzahl gewürfelt hat. Er kann dann mit der Augenzahl, die beide Spieler zusammen gewürfelt haben, entsprechend ziehen.

Spieler A und B würfeln mit je einem Würfel um den Spielbeginn. Spieler A würfelt eine 6 und Spieler B eine 4. Somit beginnt Spieler A und kann einen Stein um 10 Augen setzen. Er kann aber auch zwei Steine um entweder 6 oder 4 Augen fortbewegen.

Das heißt, die gewürfelten Augenzahlen können insgesamt mit einem Stein oder getrennt mit zwei Steinen gezogen werden.

Der Vorgang des Setzens der Steine beginnt immer auf dem nächsten Point. Zählen Sie also bei einer 6 ab dem nächsten Point, auf dem Ihr Stein steht. Ziehen Sie bitte nicht ab dem Point, auf dem sich Ihr Stein befindet. Der Zählvorgang endet mit der letzten zu ziehenden Würfelzahl.

Beispiel:

Sie müssen eine 6 von Point 1 ziehen. Also beginnen Sie, ab Point 2 zu zählen. Die 6 endet demnach auf Point 7.

Anhand der Diagramme werden Ihnen alle möglichen Zugfolgen demonstriert, wenn 6 und 4 gewürfelt worden ist.

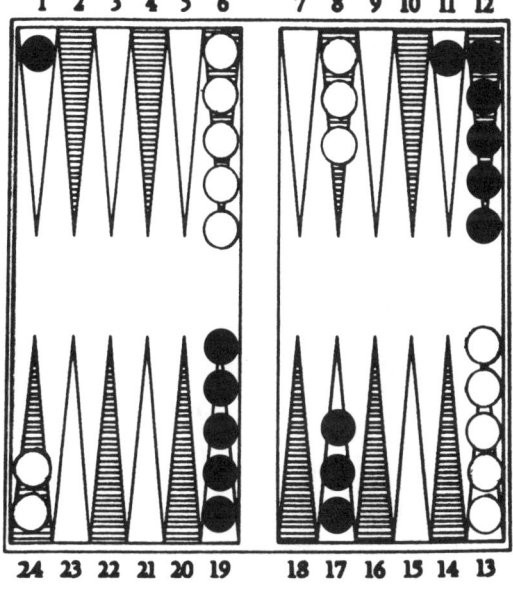

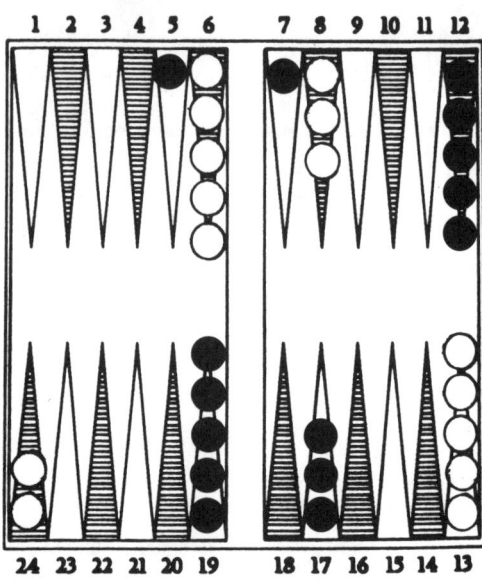

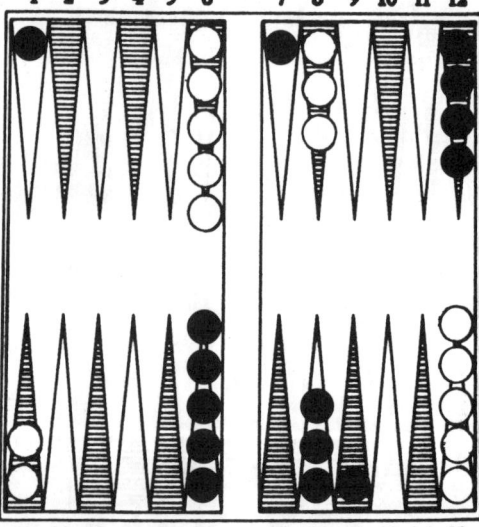

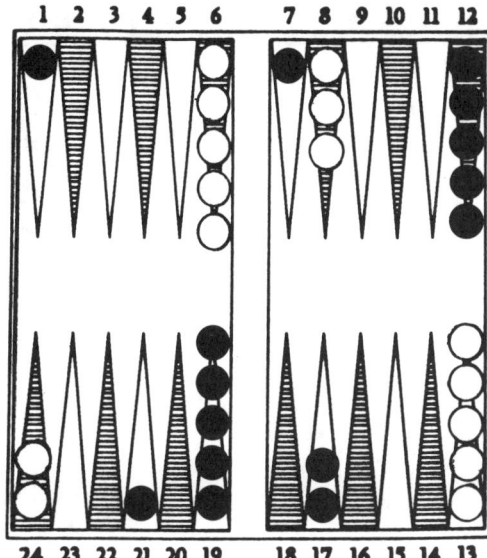

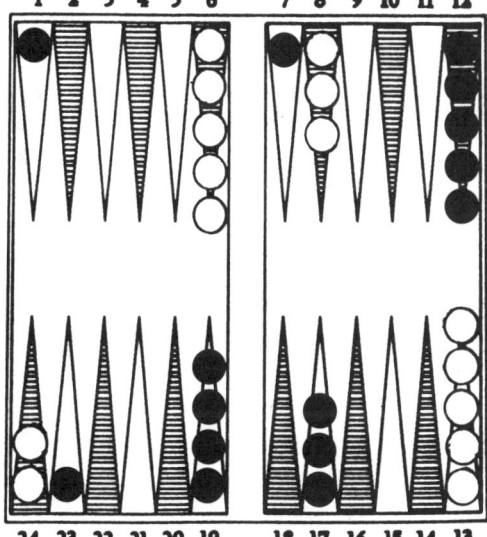

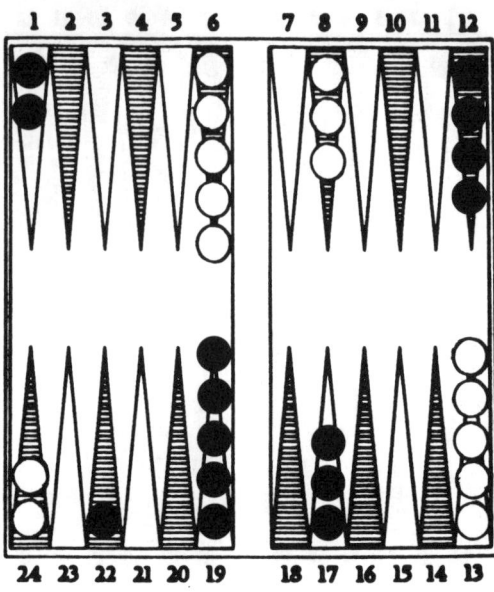

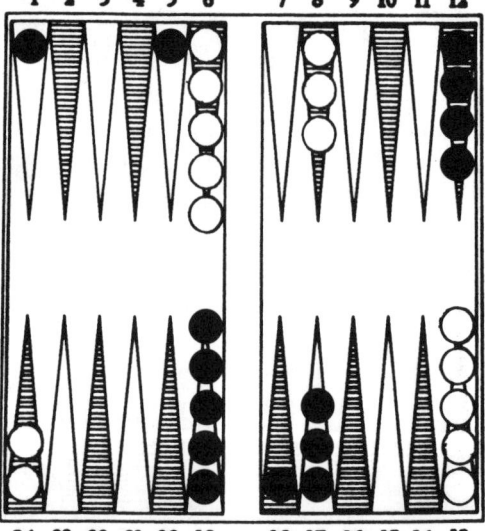

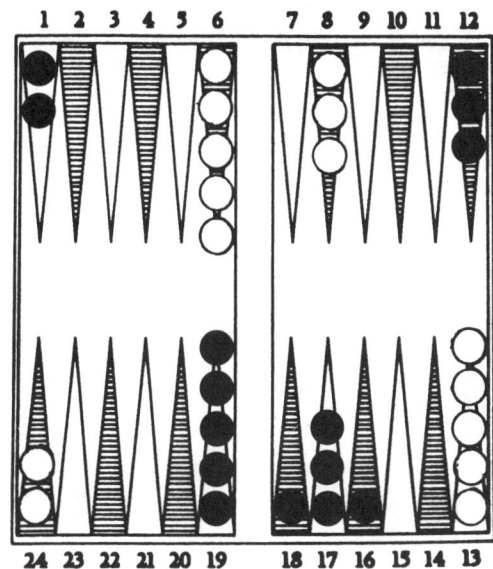

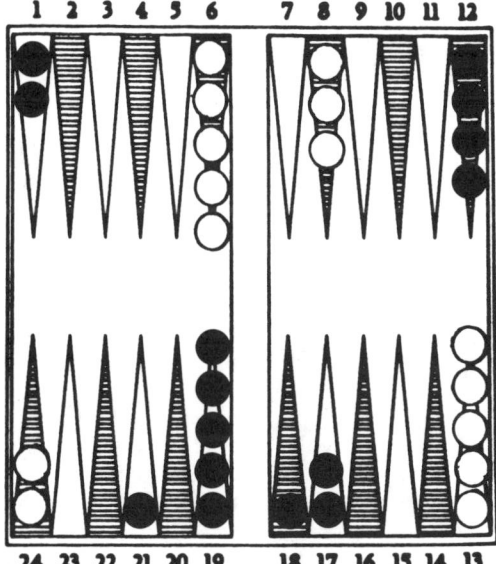

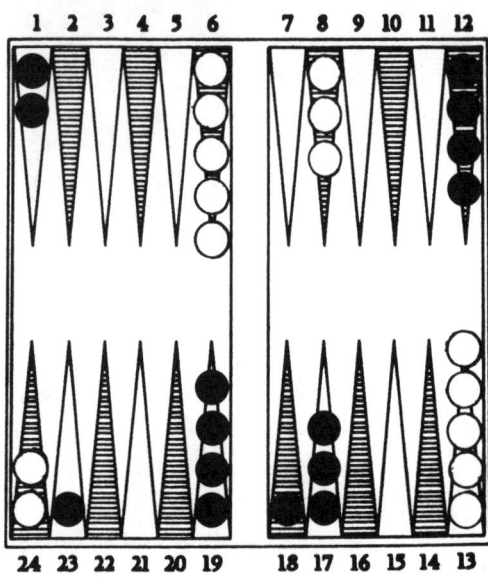

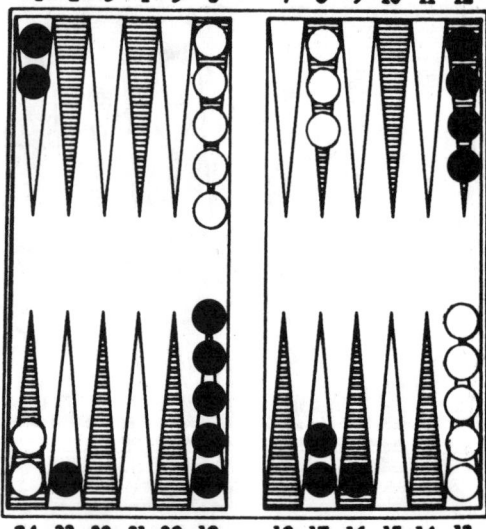

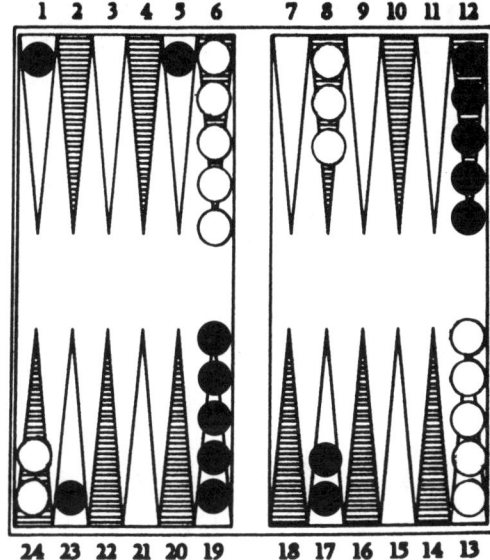

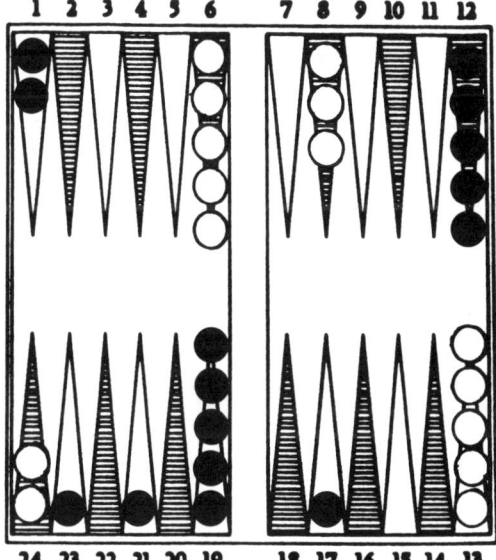

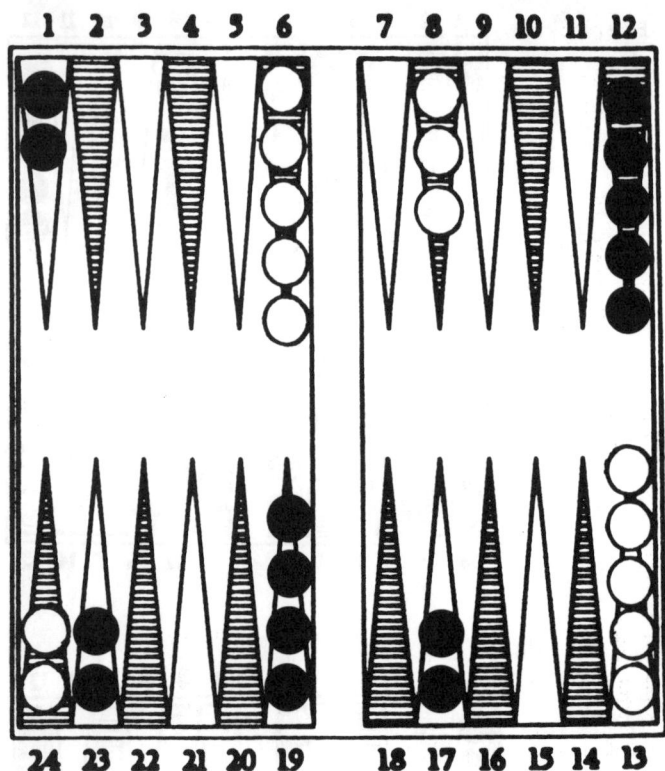

Abschließend ist zum Ziehen der Steine noch folgendes zu erwähnen:

Beim Würfeln kommt es manchmal vor, daß beide Spieler die gleichen Augenzahlen würfeln. In diesem Fall wurde ein Pasch, auch *Doublette* genannt, gewürfelt. In solchen Situationen dürfen die entsprechenden doppelten Augenzahlen 4mal gezogen werden.

| Beispiel: |

Es wurde 2mal die 4 gewürfelt, also ein Pasch 4. Sie dürfen mit Ihren Steinen 4mal die 4 ziehen.

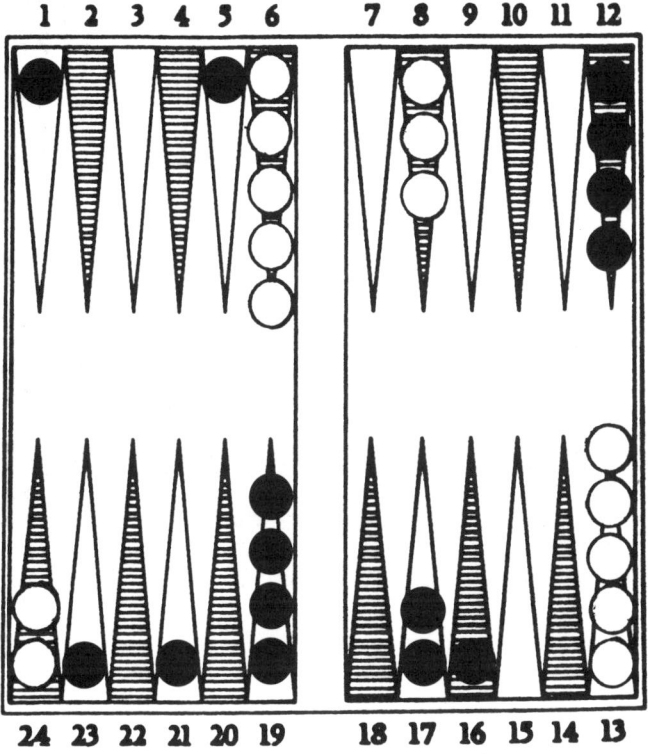

Die Zugfolge des Pasches ist Ihnen selbst überlassen. Sie können die gewürfelten Augenzahlen entweder getrennt setzen oder auch zusammen vorwärts bewegen, wie auf dem Schaubild (vgl. S. 28, oben) dargestellt.

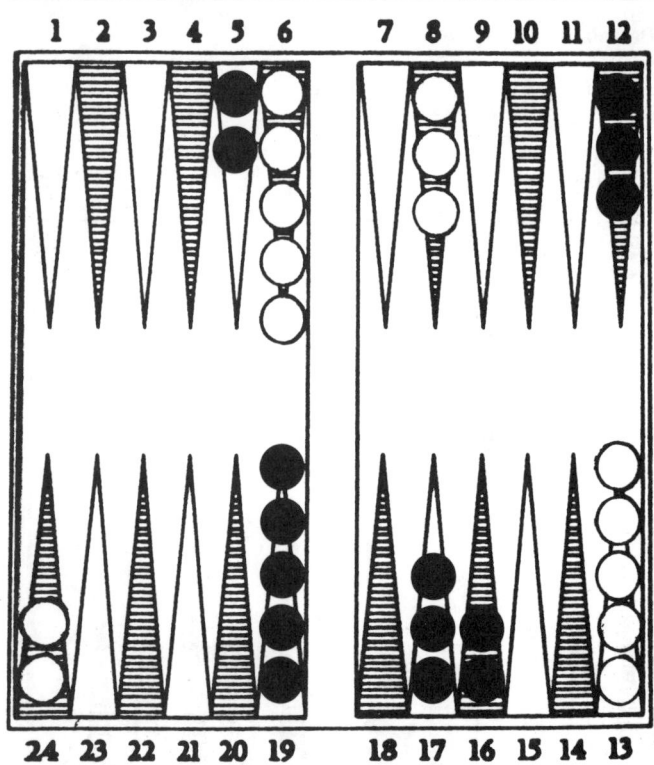

Es besteht in jedem Fall Zugzwang, das heißt, mit den gewürfelten Augenzahlen müssen Sie Ihre Steine fortbewegen. Der freiwillige Verzicht auf eine Augenzahl ist nicht möglich.

▶ **Ein kleiner Trick zum Ziehen der Steine:**

Haben Sie eine gerade Augenzahl gewürfelt und stehen mit Ihrem Stein auf einem weißen Feld, so endet der Zug auch immer auf einem weißen Feld. Haben Sie ungerade gewürfelt und stehen ebenfalls auf einem weißen Feld, so müssen Sie immer mit Ihrem Stein auf einem schwarzen Feld landen.

Die vorgenannten Ausführungen über das Ziehen der Steine etc. gelten natürlich auch für Ihren Gegenspieler.

Das nachfolgende Schaubild dient der Verdeutlichung eines Spiel-
beginns.

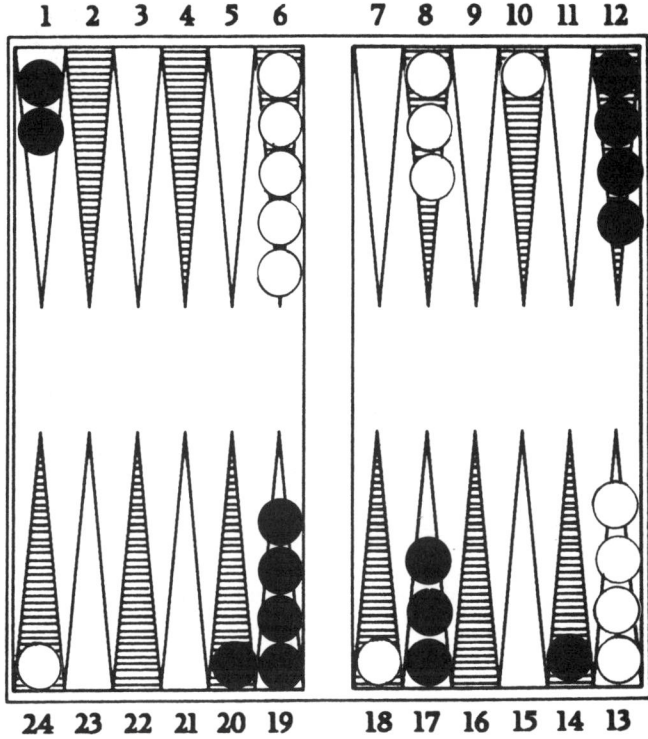

Schwarz hat im Eröffnungszug 2 und 1 gewürfelt und hat seine Steine
von Point 12 nach 14 und von Point 19 nach 20 vorwärtsbewegt. Weiß
hat im Folgewurf 6 und 3 gewürfelt und seine Steine von Point 24 nach
18 und von Point 13 nach 10 gesetzt.

Einige Anmerkungen zum Würfeln

▶ Bemühen Sie sich, die Würfel in das Board auf Ihrer rechten Seite zu werfen. Dasselbe gilt natürlich auch für Ihren Gegenspieler.

▶ Hat ein Spieler nicht in das Board zu seiner Rechten gewürfelt, so sind beide Würfel vom Brett zu nehmen, und es ist neu zu würfeln.

▶ Ebenfalls neu zu würfeln ist, wenn von beiden Würfeln nur ein Würfel in der linken Board-Seite gelandet ist. Des weiteren, wenn ein Würfel gekippt, am Spielrand oder auf einem Stein liegt.

▶ Nach dem Würfeln sind die Würfel so lange liegenzulassen, bis die Spielzüge beendet worden sind. Hat der Spieler seine Züge vollzogen, legt er die Würfel in seinen Würfelbecher zurück. Dadurch sind die Spielzüge als beendet zu betrachten und können nicht mehr korrigiert werden. Der Gegenspieler kann nun würfeln und ziehen.

▶ **Eine persönliche Empfehlung:**

Würfeln Sie grundsätzlich mit dem Würfelbecher, und bestehen Sie auch bei Ihrem Gegenspieler darauf.

Übungen

Fragen:

1 Wie ist die Grundaufstellung, wenn zwei schwarze Steine auf Point 1 stehen?

2 Sie haben 6 und 3 gewürfelt. Bis wohin und welche schwarzen Steine dürfen Sie bei der Grundaufstellung setzen?

3 Bitte führen Sie den Wurf 2 und 2 von den Points 1 und 12 richtig aus.

4 Mit wieviel Würfeln wird das Spiel nach dem Eröffnungszug fortgesetzt?

5 Ihr Gegenspieler würfelt und einer der Würfel bleibt auf einem Blot liegen. Ist dieser Wurf gültig?

Lösungen:

1 *Die Grundaufstellung ist wie folgt:*

- zwei schwarze Steine auf Point 1,
- fünf Steine auf Point 12,
- drei Steine auf Point 17 und
- fünf Steine auf Point 19.

2 *Wenn Sie eine 6 und 3 gewürfelt haben, sind folgende Zugkombinationen möglich:*

- Einen Stein von Point 1 auf Point 10.
- Einen Stein von Point 1 auf Point 7 und einen weiteren Stein von Point 1 auf Point 4.
- Einen Stein von Point 1 auf Point 7 und einen Stein von Point 12 auf Point 15.
- Einen Stein von Point 1 auf Point 7 und einen Stein von Point 17 auf Point 20.
- Einen Stein von Point 1 auf Point 7 und einen Stein von Point 19 auf Point 22.
- Einen Stein von Point 12 auf Point 21.
- Einen Stein von Point 12 auf Point 18 und einen weiteren Stein von Point 12 auf Point 15.
- Einen Stein von Point 12 auf Point 18 und einen Stein von Point 1 auf Point 4.
- Einen Stein von Point 12 auf Point 18 und einen Stein von Point 17 auf Point 20.
- Einen Stein von Point 12 auf Point 18 und von Point 19 auf Point 22.
- Einen Stein von Point 17 auf Point 23 und einen weiteren Stein von Point 17 auf Point 20.
- Einen Stein von Point 17 auf Point 23 und einen Stein von Point 1 auf Point 4.

- Einen Stein von Point 17 auf Point 23 und einen Stein von Point 12 auf Point 15.

- Einen Stein von Point 17 auf Point 23 und einen Stein von Point 19 auf Point 22.

Eine 6 zu ziehen von Point 19 aus ist nicht möglich.

3 *Die richtige Zugfolge bei Pasch 2 wäre:*

Zwei Steine von Point 1 auf Point 3 und zwei Steine von Point 12 auf Point 14.

Die Alternative hierzu ist:

Ein Stein von Point 1 auf Point 3 und drei Steine von Point 12 auf Point 14.

4 Nach dem Eröffnungswurf (beide Spieler haben mit je einem Würfel begonnen), wird das Spiel von einem der Mitspieler mit zwei Würfeln fortgesetzt.

5 Wenn ein Würfel auf einem Blot (Stein) liegenbleibt, ist dieser Wurf ungültig und muß wiederholt werden.

★

Für alle Spielzüge gibt es jedoch eine Einschränkung: Sie dürfen alle Ihre Steine auf einem der 24 Points absetzen. Nur darf dieser Point nicht von mindestens zwei gegnerischen Steinen blockiert sein. Der Punkt, auf den Sie Ihren Stein setzen wollen, muß also unbesetzt oder von einem oder mehreren Ihrer eigenen Steine belegt sein.

Befindet sich auf dem von Ihnen ausgewählten Point ein einzelner gegnerischer Stein, so sind Sie berechtigt, diesen aus dem Spiel zu nehmen, d. h., Sie dürfen ihn schlagen. Dabei ist es unerheblich, ob Sie mit Ihrem Stein auf diesem Punkt zwischenlanden oder dort endgültig stehenbleiben wollen.

Haben Sie einen alleine stehenden gegnerischen Stein getroffen oder geschlagen, so dürfen Sie diesen aus dem Spiel entfernen und auf die Bar legen. Der geschlagene Stein darf von dem Point, auf dem er vorher gestanden hat, das Spiel nicht fortsetzen. Er beginnt das Spiel wieder von neuem, und zwar ab dem gegnerischen Heimfeld.

Wollen Sie mit Ihrem Stein auf einen Point vorrücken, auf dem sich bereits zwei oder mehrere gegnerische Steine befinden, so ist eine Landung oder auch Zwischenlandung hier nicht erlaubt. Zur Ausführung Ihres Wurfes müssen Sie einen anderen Stein benutzen.

Sie haben die Wahl, die gewürfelte Augenzahl entsprechend mit Ihren Steinen zu setzen (z. B. Wurf 6 und 5). Sie können zuerst die 6 ziehen und dann die 5 oder umgekehrt, zuerst die 5 und dann die 6.

★

Selbstverständlich gelten diese Regelungen auch für Ihren Spielpartner. Sie bemerken, wir sind mitten im Spielgeschehen. Aus den bisher geschilderten Spielzügen läßt sich logischerweise ableiten, daß Sie v o r e r s t bemüht sein sollten:

▶ Ihre eigenen Blots – so wenig wie möglich – dem Gegenspieler zum Treffen auszusetzen,

▶ die gegnerischen Steine zu treffen, damit diese wieder das Spiel von neuem beginnen müssen. Sie erreichen dadurch Spielvorteile.

Als Grundsatz für das Ziehen der Steine gilt, daß die absolute Verpflichtung besteht, die Blots so vorwärts zu bewegen, daß die gewürfelten Augenzahlen setzbar sind.

Es darf z. B. nicht so gezogen werden, daß eine bestimmte Augenzahl unspielbar wird. Ist ein Punkt durch zwei gegnerische Steine blockiert und besteht keine alternative Zugvariante, so entfällt die entsprechende Augenzahl.

Wenn nur ein Spielzug möglich ist, so ist in jedem Fall die höhere Augenzahl spielvorrangig und erst dann die niedrigere Zahl. Die nicht ziehbare Zahl auf dem Würfel verfällt dann.

Sie haben eine 6 und eine 5 gewürfelt.

Ihre richtige Zugfolge sieht wie folgt aus:

Der Stein von Point 1 geht auf Point 7 und weiter auf 12.

Die Augenzahl 5, ausgehend von Ihrem Point 1, ist nicht spielbar, da sich auf dem Point 6 mehr als zwei gegnerische Steine befinden. Sie können aber mit der Augenzahl 6 dieses Hindernis überwinden und auf dem Point 7 landen, dann entweder auf Point 12 weiterziehen oder mit einem anderen ziehbaren Stein weiterspielen.

Weiterhin können Sie mit der Augenzahl 5 von Ihrem Point 19 nicht auf den Punkt 24 setzen (weil vom Gegner blockiert). Sie erkennen, alle Züge mit der Augenzahl 6 sind durchführbar (ausgenommen von Point 19, da hier das Spielbrett zu Ende ist). Nur einmal können Sie ohne Zwischenlandung bedenkenlos die 5 ziehen.

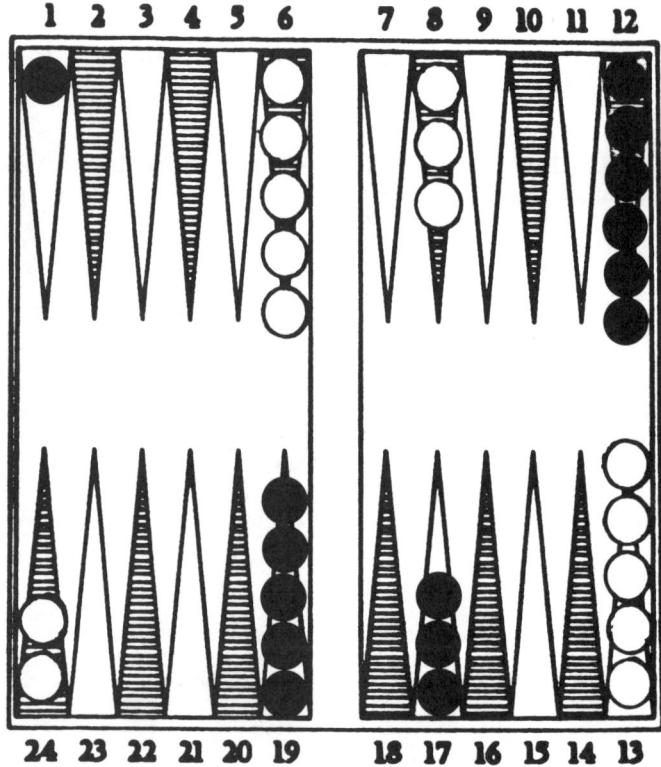

Bis jetzt haben Sie die Grundaufstellung, die Spielrichtung und das Ziehen der Steine kennengelernt. Nunmehr sollen das Schlagen der Steine, das Wiedereinsetzen, die Blockade, das Abtragen der Steine sowie der Spielgewinn behandelt werden.

Gehen wir einmal davon aus, wie in dem Schaubild dargestellt, der Gegenspieler würfelt eine 6 und 3 und setzt seinen Stein von Point 24 auf Point 15. Daraufhin würfeln Sie eine 4 und 3. Sie haben nunmehr die Möglichkeit, die 4 und 3 von den Points 1, 12, 17 oder 19 zu setzen. Am sinnvollsten erscheint es natürlich, mit der 3 von Point 12 auf Point 15 den gegnerischen Stein zu schlagen. Es empfiehlt sich, die 4 von Point 12 auf Point 16 zu spielen. Den gegnerischen geschlagenen Stein von Point 15 setzen Sie auf die Bar.

Dieser muß das Spiel von neuem beginnen, und zwar ab Ihrem Homeboard (Point 24 bis Point 19).

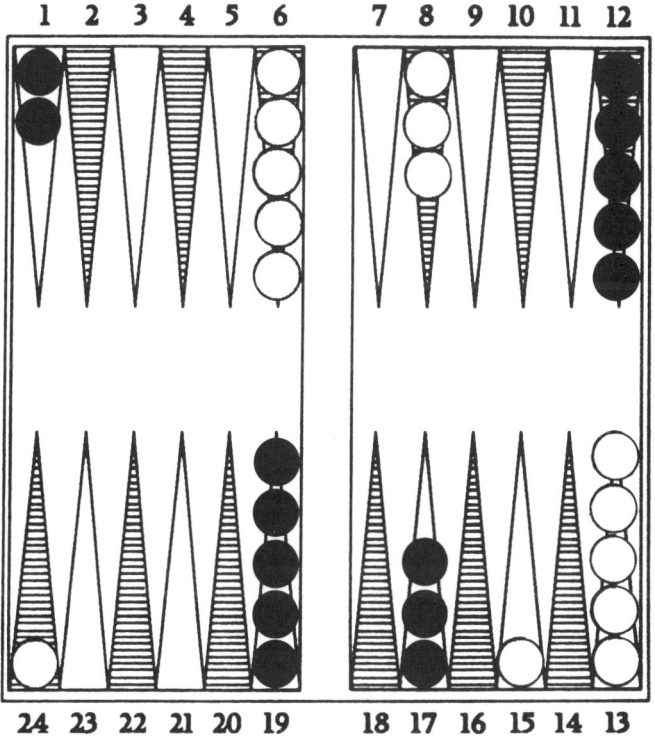

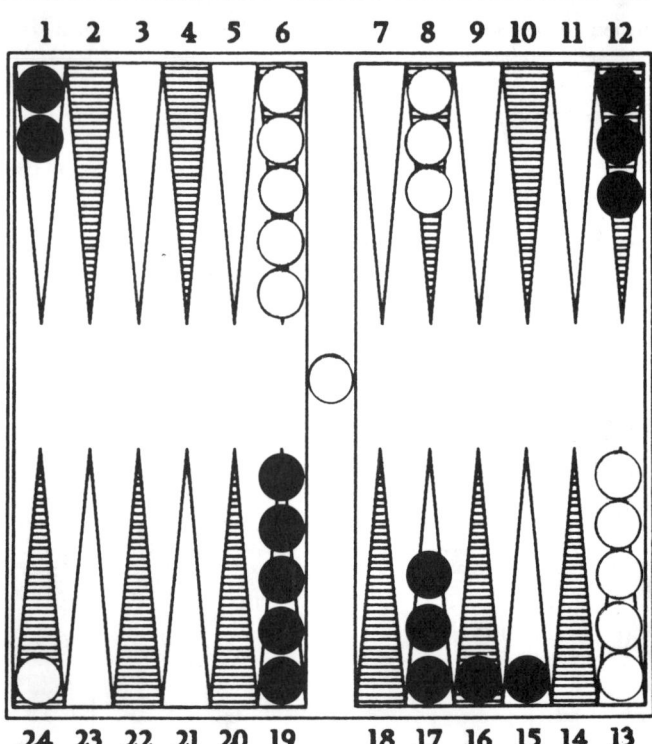

In einer weiteren Darstellung wird demonstriert, wie Sie die Möglichkeit haben, einen gegnerischen Stein zu schlagen und zugleich eine Blockade zu bilden. Mit dieser Blockade erreichen Sie, daß Ihr Gegenspieler auf diesem Point seinen Stein weder landen noch zwischenlanden darf.

Weiß hat 4 und 3 gewürfelt und seine Steine von Point 24 nach 20 und von 13 nach 10 gesetzt. Sie haben jetzt 3 und 1 gewürfelt. Die richtige Zugfolge wird im untenstehenden Schaubild vorgestellt.

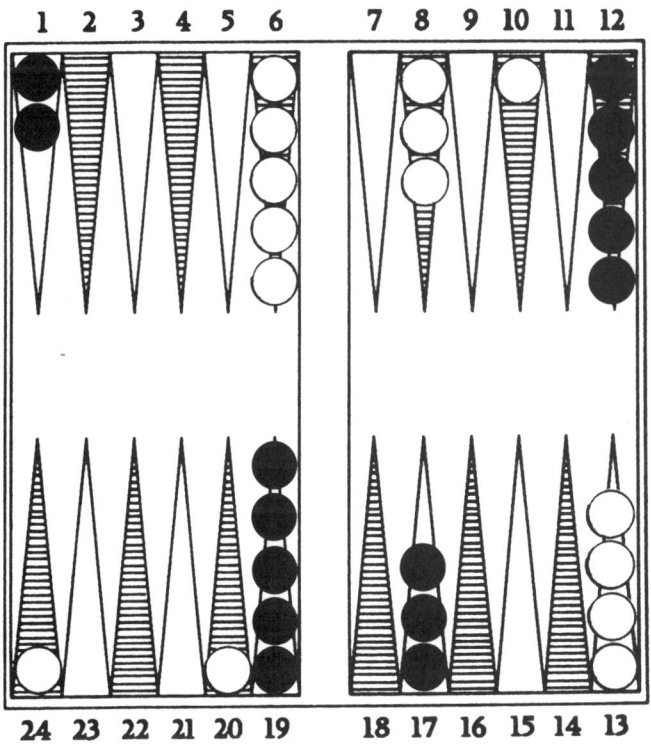

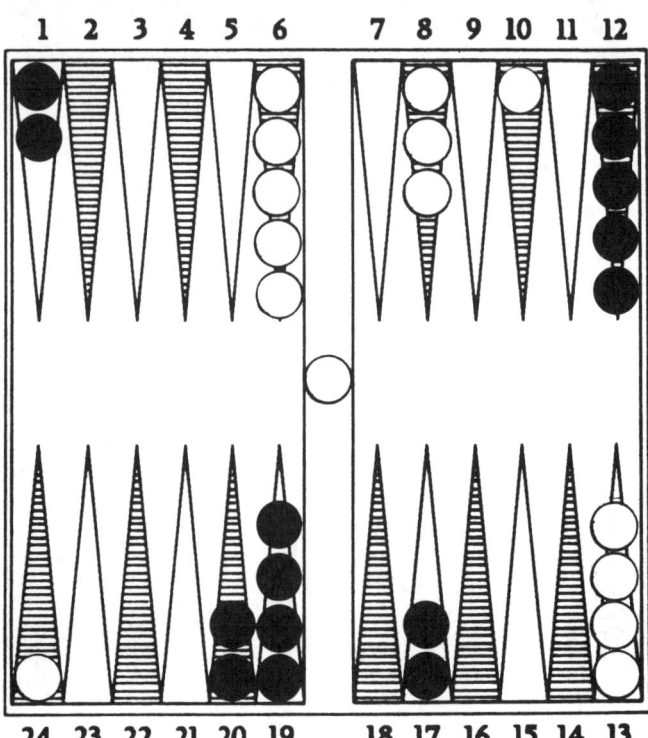

Sie haben natürlich auch die Möglichkeit, mit einem Wurf mehrere Steine des Gegners zu schlagen. Hier wiederum ein Beispiel:

Simulieren wir einmal die in diesem Schaubild gezeigte Stellung, und gehen wir davon aus, daß Schwarz einen Pasch 4 würfelt. Sie haben dann die Möglichkeit, mit Ihrem Stein von Point 1 den weißen Stein auf Point 5 zu schlagen, dann weiter auf Point 9 zu ziehen; hier können Sie einen weiteren gegnerischen Stein schlagen. Mit dem Stein auf Point 12 ziehen Sie auf Point 16 und weiter auf Point 20 und können somit auch diesen gegnerischen Stein schlagen. Das bedeutet, daß die weißen Steine von Point 5, Point 9 und Point 20 auf die Bar und das Spiel in Ihrem Homeboard neu beginnen müssen.

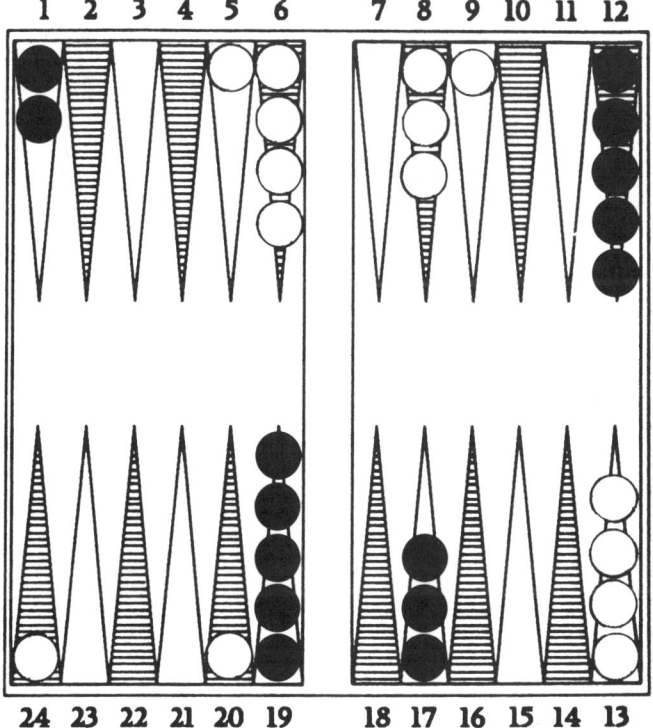

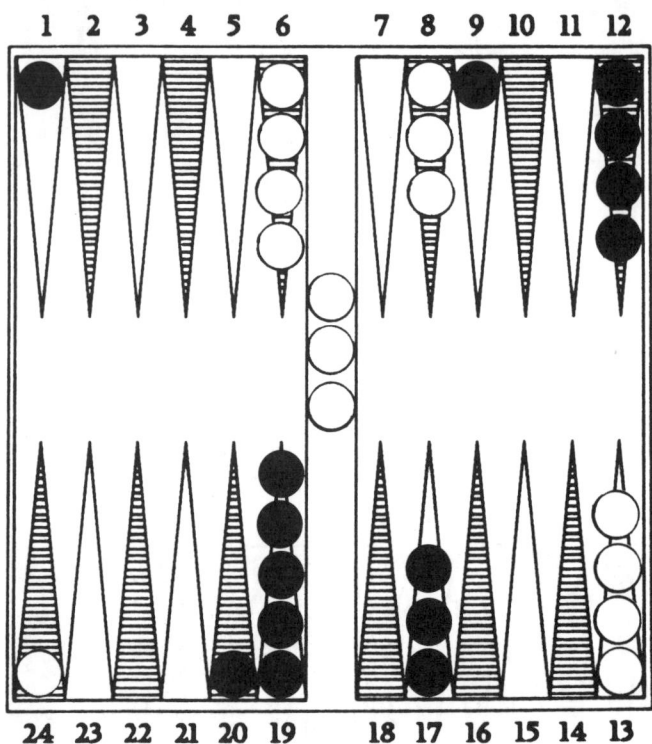

Da sich jetzt drei gegnerische Steine auf der Bar befinden, haben Sie natürlich einen strategischen Vorteil errungen. Die Steine Ihres Gegners müssen somit noch einmal die gesamte Spielbahn durchlaufen.

Das Einsetzen von der Bar

Gehen wir einmal davon aus, daß Sie einen gegnerischen Stein geschlagen haben und daß dieser sich auf der Bar befindet. Das Spiel darf der Gegner erst dann fortsetzen, wenn er diesen Stein von der Bar herunter wieder ins Spiel gebracht hat. Zu diesem Zweck würfelt der Gegner und versucht, den Stein in Ihr Heimfeld auf einen Point, der der Augenzahl seines Würfels entspricht, einzusetzen. Es gilt hier jedoch die Einschränkung, daß dieser Point nicht von mindestens zwei Ihrer Steine besetzt sein darf. Anhand des folgenden Schaubilds soll das Einsetzen eines Steines demonstriert werden.

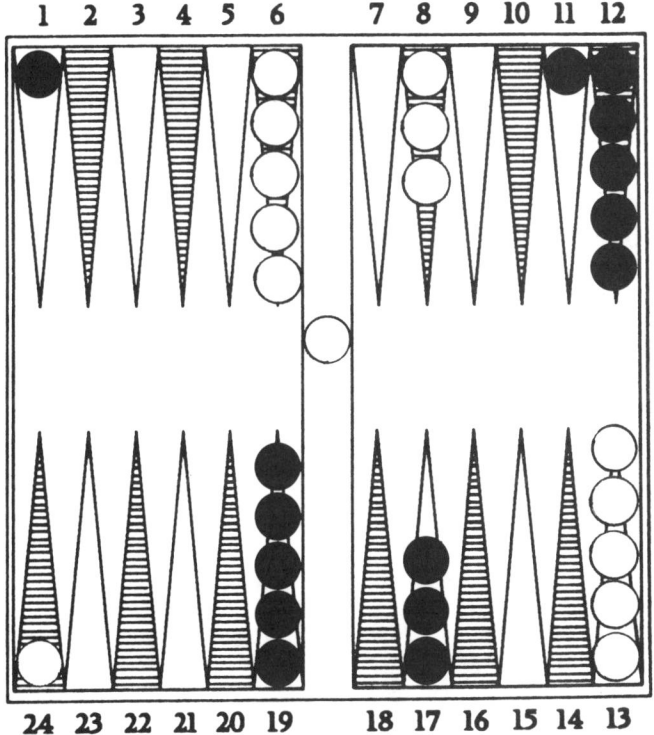

Würfelt Weiß beispielsweise eine 1 und 4, so kann er wahlweise auf Point 24 oder 21 seinen Stein von der Bar einsetzen. Er hat aber auch ▷

die Möglichkeit, einen Stein auf Point 24 einzusetzen und einen anderen Stein z. B. von Point 13 auf Point 9 zu ziehen. Würfelt Weiß jedoch eine 1 und 6, so darf er seinen Stein auf Point 19 nicht einsetzen, da dieser Point von Schwarz blockiert ist. Das Zählen der gewürfelten Augenzahlen beginnt immer beim Einsetzen auf Punkt 24. Er muß also bei 1 und 6 seinen Stein auf Point 24 einsetzen und kann wahlweise von Point 13 oder 8 einen weiteren Stein ziehen. Er kann mit dem Wurf 1 und 6 aber auch von Point 24 auf 18 setzen. Würfelt er einen Pasch 6, so besteht gar keine Möglichkeit einzusetzen, und der Wurf verfällt.

▶ Für das Einsetzen besteht also das grundsätzliche Gebot, daß ein Point zu suchen ist, der nicht vom Gegner besetzt ist, um hier einen Stein von der Bar wieder einsetzen zu können.

Die Blockade

Welchen Vorteil hat die Bildung von Blockaden (Besetzung eines Points mit mindestens zwei Steinen)?

Mit einer Blockade kontrollieren Sie einen bestimmten Point in Ihrem Spiel. Die Bildung einer Blockade nennt man auch »einen Punkt machen«. Haben Sie eine Blockade gebildet, so haben Sie sich einen sicheren Landeplatz für eigene weitere Steine geschaffen. Des weiteren können Sie durch diesen besetzten Punkt das Vorwärtskommen Ihres Gegners behindern bzw. blockieren.

▶ Bei Ihren Wurfkombinationen ist es also stets geboten, eine Blockade zu bilden bzw. einen Punkt zu machen. Die beste Blockade, die Sie erreichen können, ist eine sogenannte *6er-Prime*. Diese Prime besteht aus sechs hintereinanderliegenden gemachten Punkten. Zur besseren Verständigung soll anhand des nebenstehenden Beispiels eine solche Prime dargestellt werden.

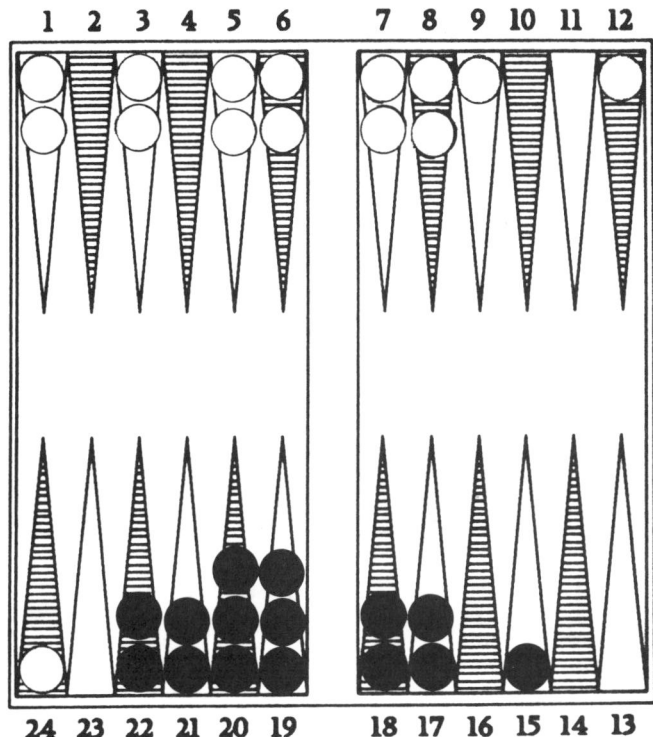

Wie unschwer zu erkennen ist, hat der weiße Stein auf Point 1 keine Möglichkeit mehr, über diese Blockade hinwegzukommen. Da Sie alle sechs Points durch Punkte blockieren, haben Sie die absolute Kontrolle über diese Felder.

Das Abtragen der Steine

Wie bereits erwähnt, liegt der Spielgewinn darin, alle seine Steine ins Homeboard einzubringen und sie von dort auszuwürfeln (auch *Abtragen* genannt). Wer als erster alle seine Steine ausgewürfelt hat, ist Sieger in diesem Spiel.

Im nächsten Schaubild wird Ihnen eine Stellung vorgestellt, wo sich alle 15 Steine in Ihrem Homeboard befinden.

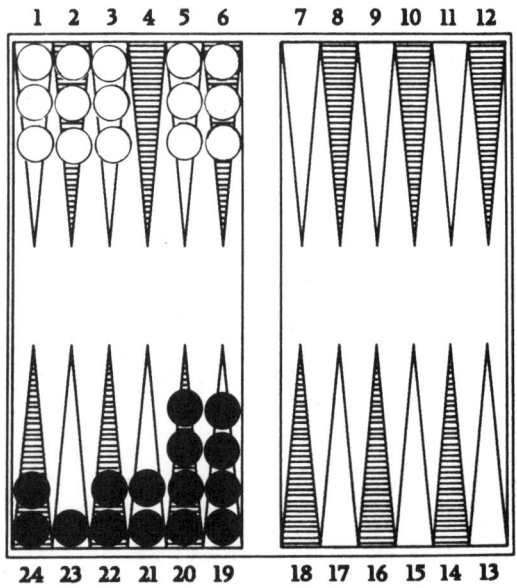

Beim Abtragen der Steine ist es zwingend vorgeschrieben, daß Sie Ihre Steine entsprechend der Augenzahl Ihrer Würfel ziehen. Das heißt also, wenn Sie z. B. eine 6 und eine 1 würfeln, können Sie einen Stein von Point 19 (mit der Augenzahl 6) und einen weiteren Stein von Point 24 (mit der Augenzahl 1) aus dem Spiel nehmen (also abtragen). Nachdem Sie gewürfelt haben, hat Ihr Gegenspieler die Möglichkeit des Abtragens. Nehmen wir einmal an, er würfelt 6 und 4. Demzufolge kann er also einen Stein von Point 6 abtragen. Da sich auf Point 4 kein Stein befindet, kann er von diesem Point auch nicht abtragen.

Er muß also einen Stein von Point 6 bzw. Point 5 nach vorne ziehen. Mit dem Wurf 6 und 4 hatte er nur die Möglichkeit, einen Stein abzutragen. Das abwechselnde Würfeln wird so lange fortgesetzt, bis ein Spieler sämtliche Steine abgetragen hat.

▶ Beim Abtragen der Steine gilt dieselbe Regel wie beim Ziehen der Steine, d.h., das Zählen beginnt ab dem darauffolgenden Point, auf dem sich Ihr Stein gerade befindet. Versuchen Sie also grundsätzlich, alle Points in Ihrem Homeboard zu besetzen, um eine möglichst optimale Ausgangsposition für das Abtragen zu erreichen.

Die Endphase des Spiels

Anhand des nächsten Schaubildes wird Ihnen die Endphase des Spiels demonstriert.

Schwarz würfelt zuerst 5 und 4. Da sich auf den Points 21 und 20 ein Stein befindet, können Sie jeweils einen Stein abtragen und haben somit das Spiel gewonnen.

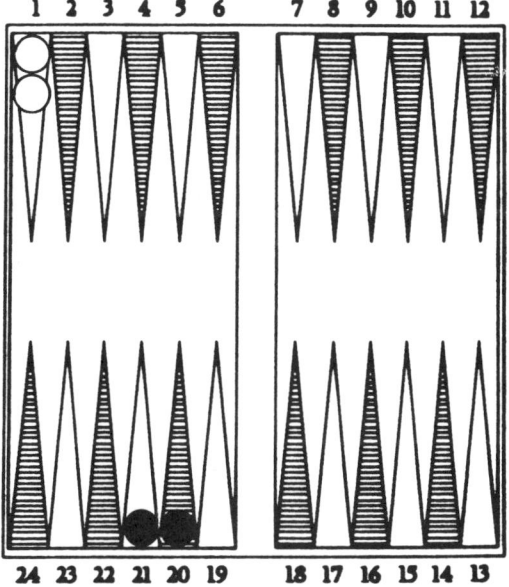

Nun kommt es vor, daß Sie beim Abtragen Augenzahlen würfeln und sich kein Stein auf einem Point befindet.

Wie in dem Schaubild aufgezeichnet, sind jeweils ein Stein auf Point 19 und ein Stein auf Point 23, und Sie würfeln 5 und 1.

In diesem Fall können Sie, da sich kein Stein auf dem erwürfelten Point befindet, lediglich mit der Kombination 5 und 1 = 6 einen Stein von Point 19 abtragen.

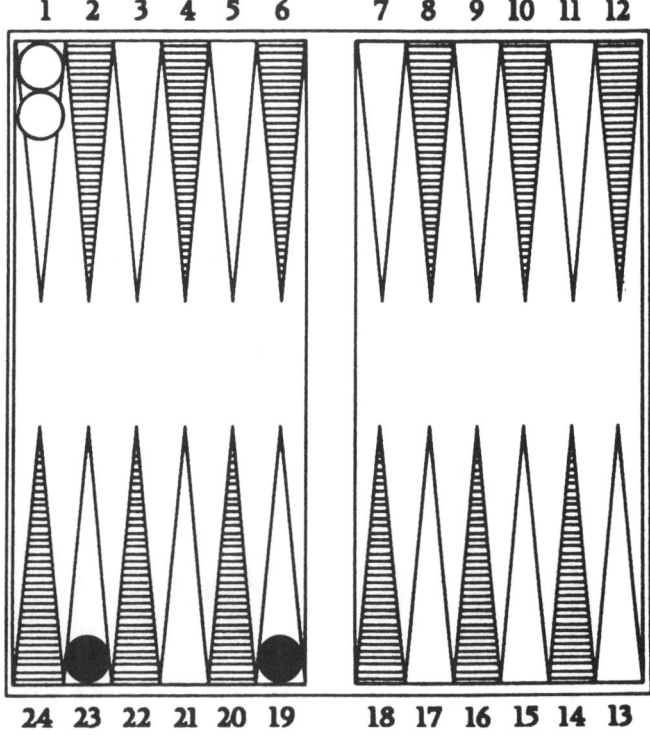

▶ Daraus ist also abzuleiten, je höher die Steine sich im Board befinden und je niedriger der Wurf ist, kann nicht oder nur in Wurfkombination abgetragen werden.

Übungen

Fragen:

1 Können Sie mit dem Wurf 5 und 1 eine Blockade bilden (s. Schaubild 1)?

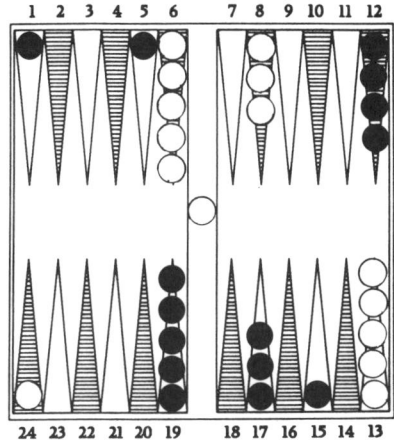

Schaubild 1

2 Wieviel gegnerische Steine können Sie bei Pasch 3 schlagen (s. Schaubild 2)?

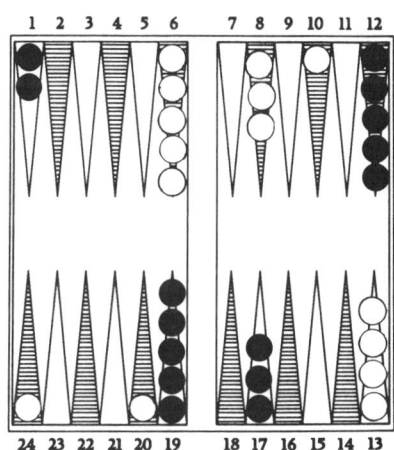

Schaubild 2

3 Weiß würfelt 2 und 5. Darf er von der Bar herunter einsetzen (s. Schaubild 3)?

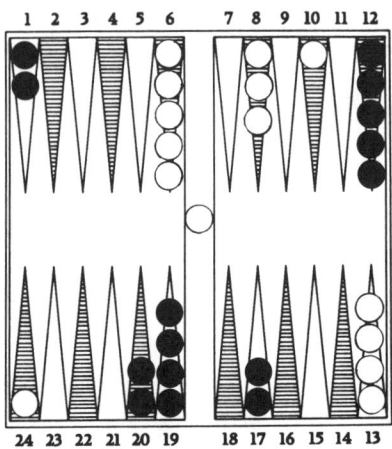

Schaubild 3

4 Sie würfeln 6 und 5. Wie können Sie das Spiel gewinnen (s. Schaubild 4)?

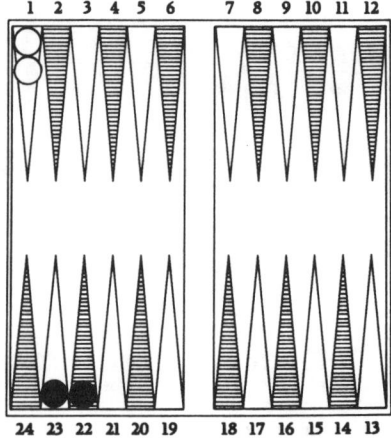

Schaubild 4

Lösungen:

1. Mit dem Wurf 5 und 1 ist eine Blockade auf Point 20 zu bilden.

2. Durch den Wurf 3 und 3 können Sie zwei weiße Steine schlagen. Sie ziehen einen Ihrer Steine von Point 1 auf Point 4, 7 und weiter auf Point 10 und schlagen den weißen Stein. Mit der letzten Wurfzahl 3 ziehen Sie von Point 17 auf Point 20 und schlagen ebenfalls einen weißen Stein. Beide weißen Steine müssen auf die Bar.

3. Weiß kann mit dem Wurf 2 und 5 von der Bar einsetzen, jedoch nur auf Point 23 mit der Wurfzahl 2. Da Schwarz den Punkt 20 blockiert, ist ein Hereinbringen von der Bar mit den Augenzahlen 5 und 6 nicht möglich.

4. Sie können beide Steine abtragen und gewinnen somit das Spiel.

Das Eröffnungsspiel

Der Spielbeginn erfolgt durch Würfeln der Spieler. Wie Ihnen bereits bekannt ist, beginnt derjenige mit der höheren gewürfelten Augenzahl. Wichtig für den Verlauf eines Spiels ist der Eröffnungszug. Gewinn oder Verlust eines Spiels kann sich häufig durch den Eröffnungszug entscheiden. Entnehmen Sie bitte der nachfolgenden Übersicht die richtigen Eröffnungszüge.

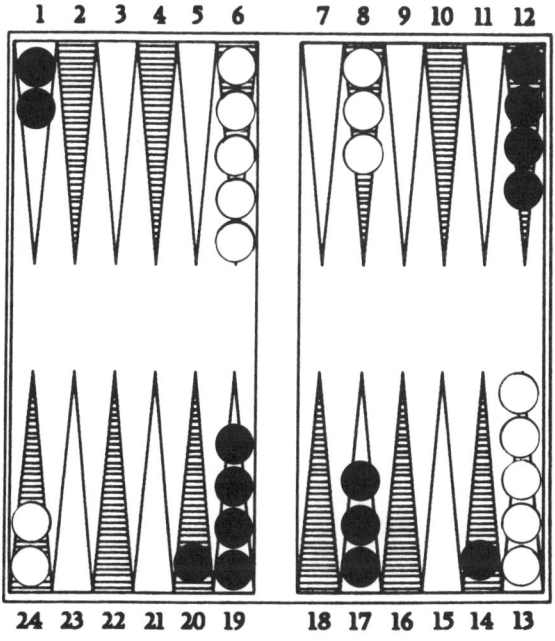

Schwarz zieht 2 und 1.

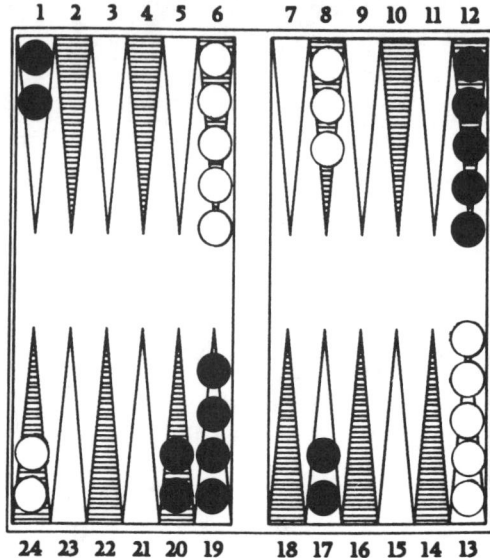

Schwarz zieht
3 und 1.

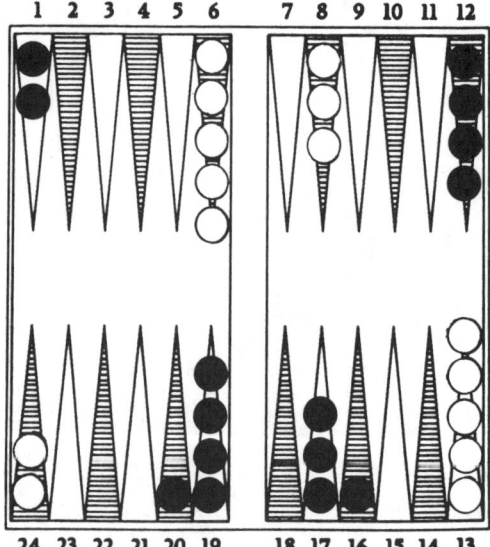

Schwarz zieht
4 und 1.

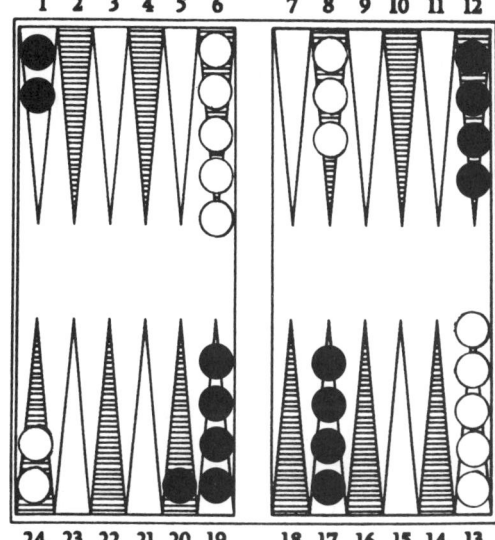

Schwarz zieht
5 und 1.

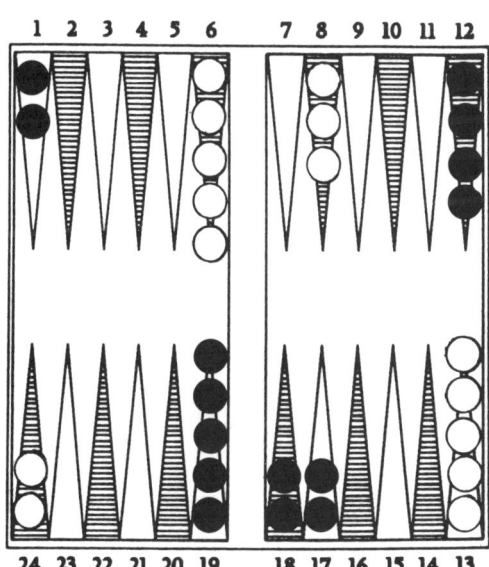

Schwarz zieht
6 und 1.

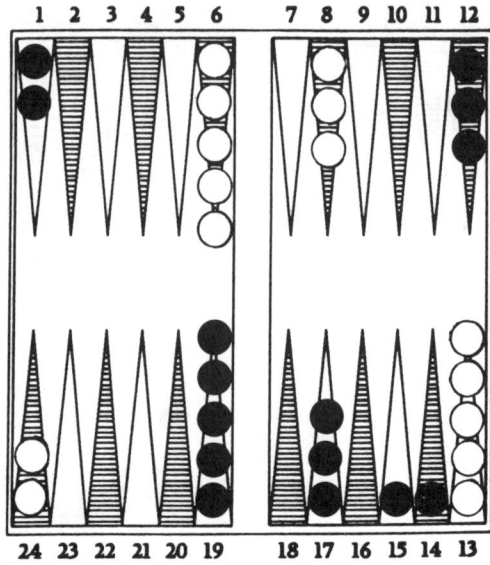

Schwarz zieht
2 und 3.

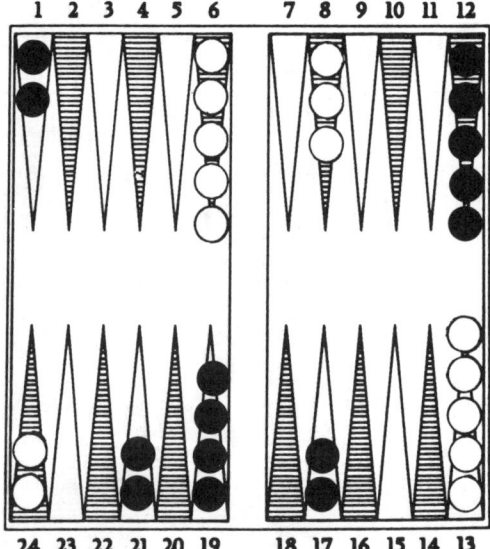

Schwarz zieht
2 und 4.

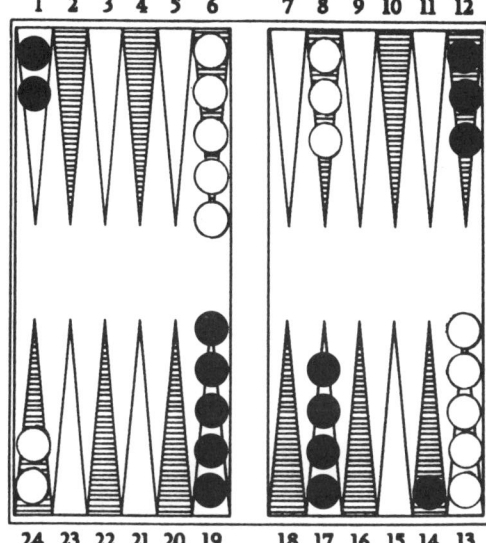

Schwarz zieht
2 und 5.

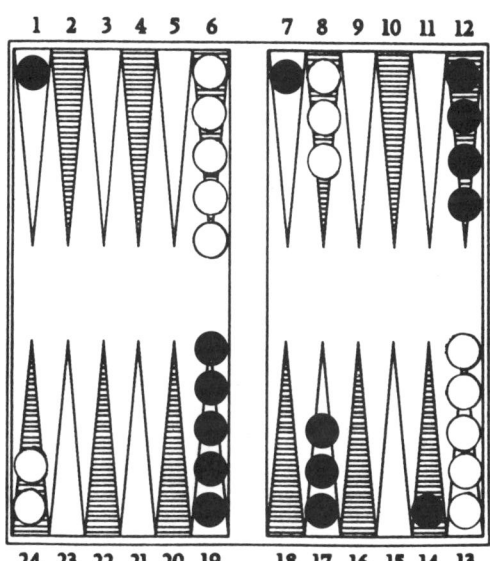

Schwarz zieht
2 und 6.

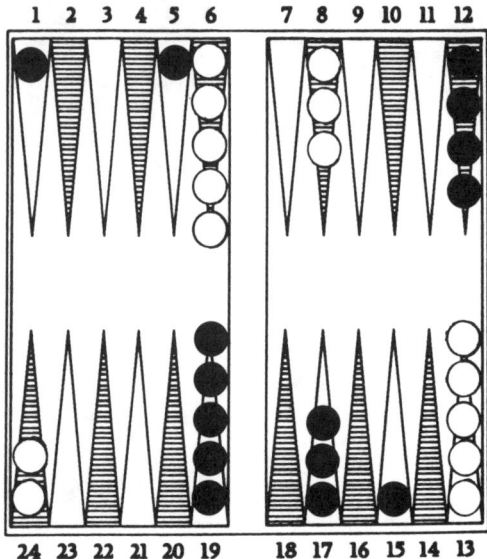

Schwarz zieht
3 und 4.

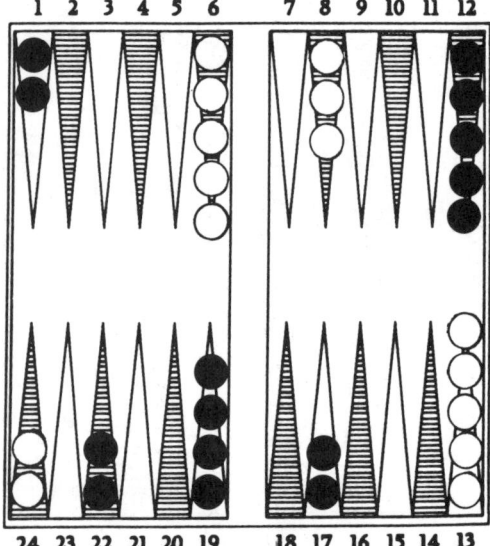

Schwarz zieht
3 und 5.

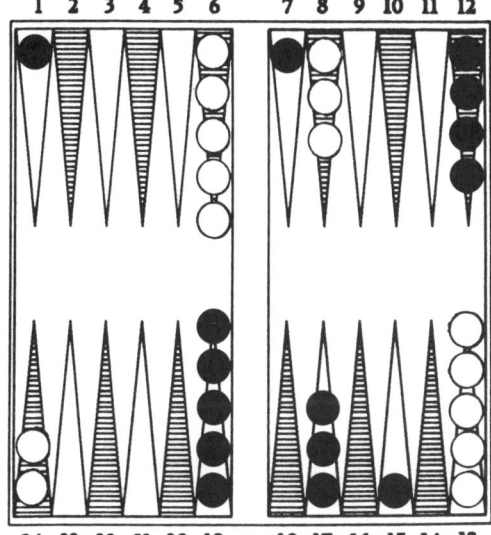

Schwarz zieht
3 und 6.

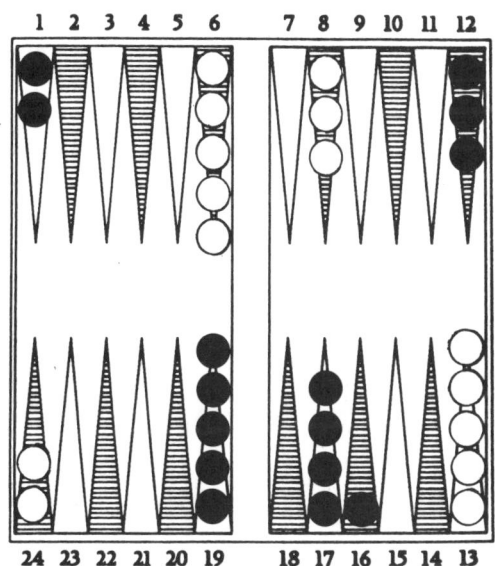

Schwarz zieht
4 und 5.

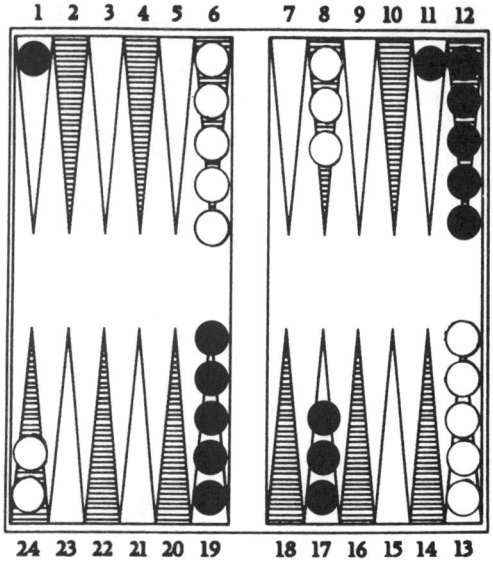

Schwarz zieht
4 und 6.

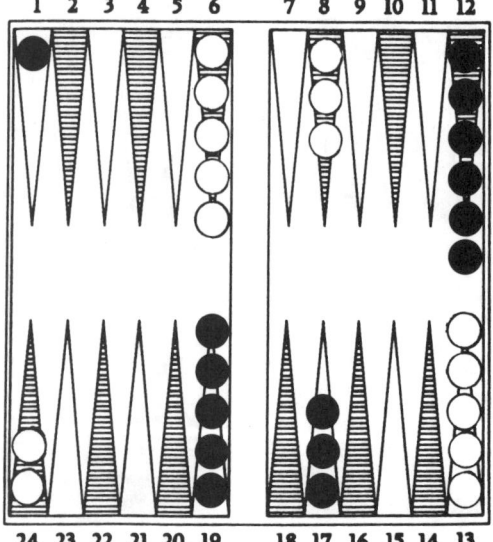

Schwarz zieht
6 und 5.

In dem unteren Schaubild wird der Beginn eines Spiels aufgezeichnet.

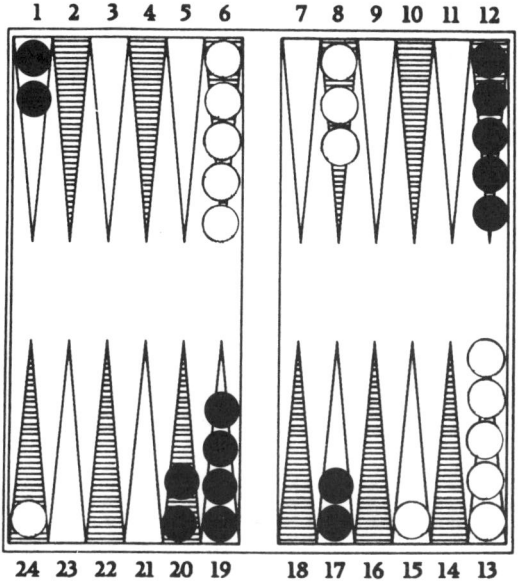

Schwarz hat mit dem Eröffnungswurf 3 und 1 eine Blockade auf Punkt 20 gebildet. Weiß hat 6 und 3 gewürfelt und seinen Renner von Point 24 auf Point 15 gesetzt. Schwarz und Weiß würfeln nunmehr abwechselnd. Spielstrategie und Würfelglück entscheiden bis zum Spielende.

Das Running-Game

Bisher haben Sie die elementaren Regeln des Backgammon-Spiels kennengelernt. Nun werden Ihnen die Grundstrategien dieses Spiels vorgestellt. Wie Sie bereits erfahren haben, ist die fundamentale Aufgabe des Spielers, seine eigenen Steine so schnell wie möglich um die Spielbahn in sein Homeboard zu bringen und anschließend herauszuspielen. Dies ist die Urform des Backgammon, also das Rennspiel. Beim Rennspiel handelt es sich um ein kontaktloses Spiel. Es findet sehr selten ein Schlagabtausch statt. Man nennt das Running-Game (*Rennspiel*) auch *No-Contact-Game*. Das Running-Game wird überwiegend durch hohe Würfe entschieden.

Die Prioritäten bei dieser Spielform werden bei den hinteren Steinen (auf Point 1) gesetzt. Man bezeichnet diese hinteren Steine auch als »*Renner*«. Logischerweise ist es also wichtig, diese Renner so schnell wie möglich zu aktivieren und in sein Homeboard einzuspielen.

▶ Vermeiden Sie es deshalb, geschlagen zu werden (dieses verlängert den Weg der Blots ins Homeboard). Versuchen Sie, den Gegner zu schlagen, um ihn somit am schnellen Vorwärtskommen seiner Steine zu hindern.

Das Schlagen der gegnerischen Blots bezeichnet man auch als *Hit*. Nun kommt es vor, daß Sie Augenzahlen würfeln, die zwangsweise dazu führen, daß Sie dem Gegner die Möglichkeit geben, einen Ihrer Steine zu schlagen.

▶ Reduzieren Sie das Schlagpotential Ihres Gegners auf ein Mindestmaß, das heißt, daß Sie Ihrem Gegner nur einen indirekten und keinen direkten Schuß lassen.

Als *direkten Schuß* bezeichnet man die Zahlen von 1 bis 6 und als *indirekten Schuß* die Kombinationsmöglichkeiten z. B. 1 und 6, 2 und 6, 4 und 5 usw. Wägen Sie also Ihr Risiko entsprechend ab. Versuchen Sie auch, Punkte zu machen, um Ihren Gegner zu blockieren und gleichzeitig für Ihre eigenen Blots sichere Landeplätze zu schaffen.

Wichtig für das Running-Game und die Entscheidung, wer in diesem Spiel einen Vorteil hat oder nicht, ist der *Pipcount*. Dieser Pipcount ist der wichtigste Faktor für die Beurteilung, ob ein Spieler Favorit oder Underdog ist. Als *Underdog* bezeichnet man den Spieler, der einen wesentlichen Nachteil im Spiel besitzt. Anhand des Pipcount können Sie erkennen, ob Sie sich im Rückstand oder im Vorteil des Spiels befinden. Es handelt sich also um die Bewertung des Spielstandes, genannt *Equity*. Die Pipcount-Beurteilung des Spielstands ist dann angebracht, wenn sich alle Steine im eigenen Homeboard befinden und nur noch durch Würfeln abzutragen (d. h. auszuwürfeln) sind. (Das gleiche gilt sinngemäß auch für den Gegner, wenn sich alle Steine des einen Spielers im Homeboard des Gegners befinden.) Anhand des folgenden Schaubilds soll Ihnen die Berechnung des Pipcount nähergebracht werden.

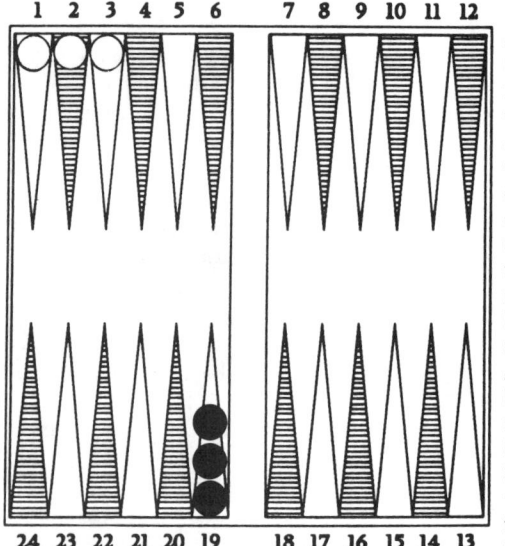

Schwarz hat in dieser Stellung beim Abtragen 3mal die 6 zu würfeln. Er muß also 18 Augen würfeln. Weiß dagegen muß eine 1, eine 2 und eine 3 würfeln. Addiert man diese Punkte, muß also Weiß 6 Augen würfeln. Dem gegenübergestellt heißt das, Schwarz muß 18 Augen würfeln und Weiß 6. Weiß hat also einen Vorsprung von zwölf Augenzahlen. Er ist somit in dieser Stellung beim Running-Game Favorit.

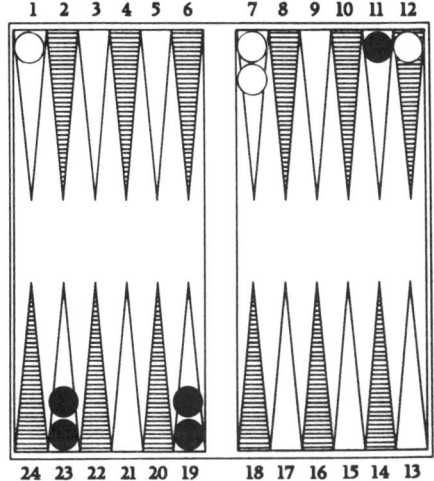

Dies war ein recht einfaches Beispiel. Nun etwas schwieriger.

In der obigen Darstellung sieht der Pipcount wie folgt aus:

Schwarz muß zum Hereinspielen von Punkt 11 auf Punkt 19 eine 8 würfeln. Das heißt, eine 6 von 11 auf 17 und eine 2 von 17 auf 19. Er hat dann drei Steine auf Point 19 stehen. Um abzutragen, benötigt er 3mal 6, d. h. 18 Augen. Um die restlichen beiden Steine von Point 23 abzutragen, benötigt er 2mal 2. Zusammenaddiert, benötigt er also 30 Augen, um alle seine Steine aus dem Homeboard abzutragen. Weiß benötigt von Point 12 eine 6, um auf Point 6 zu spielen, des weiteren muß er 2mal 1 würfeln, um ebenfalls auf Point 6 zu kommen. Er hat somit drei Steine auf Point 6 stehen. Hier braucht er wiederum 3mal 6 und eine 1, um alle Steine abzutragen. Zusammenaddiert, braucht er also insgesamt 27 Augen, um alle Steine abzutragen. Das heißt, daß Weiß drei *Pips* = drei Augen vor ist. Der Vorteil des Spielers, der im Moment würfelt, sei derzeit außer acht gelassen.

Die Ermittlung des Pipcount ist auch wichtig für die Verdoppelung, also dem Einsatz des Dopplerwürfels. Auf dieses Kapitel kommen wir später zu sprechen.

▶ Nachdem Sie bei einem Pipcount festgestellt haben, daß Sie einen Vorsprung im Running-Game haben, versuchen Sie, eine Streuung entweder im Homeboard oder den Außenfeldern zu erreichen, um schlechte Würfe gut ziehen zu können. Bei einem

Rückstand bemühen Sie sich, Ihre Steine so zu ziehen, daß bei einem Pasch optimale Züge für das Einbringen ins Homeboard vorgenommen werden können. Bei einer gleichen Stellung ist die Streuung im Homeboard sehr, sehr wichtig! Diese Streuung gibt den Ausschlag beim Ende, also beim Abtragen der Steine. Logischerweise haben Sie Lücken (*Gaps*) in Ihrem Homeboard. In diesem Fall sind die entsprechenden Augenzahlen, die Sie würfeln, wertlos.

Übungen

Fragen:

1 Was ist ein kontaktloses Spiel?

2 Was sind Renner?

3 Beim Running-Game sind Sie mit Ihren Augenzahlen im Rückstand. Was ist die beste Strategie?

4 Berechnen Sie den Pipcount aufgrund des unteren Schaubildes.

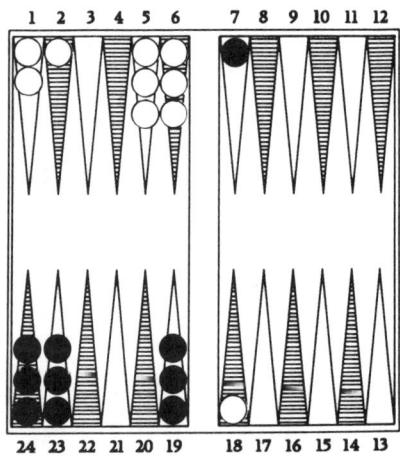

Lösungen:

[1] Als kontaktloses Spiel bezeichnet man das Rennspiel bzw. Running-Game.

[2] Als Renner bezeichnet man die hinteren Steine auf Point 1.

[3] Beim Rückstand im Running-Game sollte man bemüht sein, seine Blots so zu stellen, daß man bei einem Pasch diesen optimal in sein Homeboard einbringen kann.

[4] Der Pipcount beträgt für Schwarz 45 Pips und für Weiß 55 Augen.

Das Running-Game in der Praxis

Im folgenden Praxisteil sind Sie aktiv als Backgammon-Spieler gefordert. Sie bekommen die Augenzahlen jeweils vorgegeben und müssen die richtigen Spielzüge herausfinden.

Erläuterungen zu folgendem Spielablauf:

Sie sind bei allen Übungen der Spieler mit den schwarzen Steinen und setzen Ihre Blots von 1 bis 24 in Ihrem Homeboard.

Die zu ziehenden Augenzahlen für Schwarz werden vorgegeben. Sie können den Spielzug in die gepunkteten Linien eintragen und mit der nachfolgenden Lösung kontrollieren. Die Lösung ist kommentiert. Die Züge von Weiß brauchen Sie nicht zu ziehen.

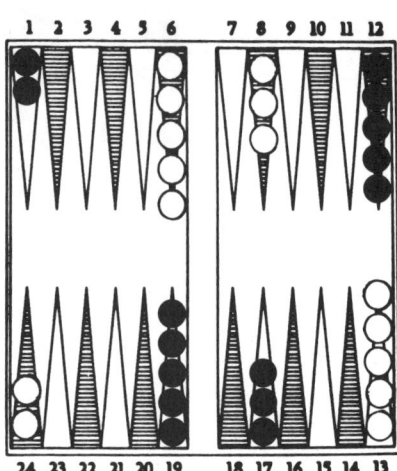

1 Weiß würfelt eine 6, Schwarz würfelt eine 6.

Wer beginnt das Spiel?

Lösung:.....................

---

1 Lösung:

Keiner beginnt das Spiel. Bei gleicher Augenzahl (Pasch) wird so lange neu gewürfelt, bis unterschiedliche Augen gewürfelt werden, und es beginnt der Spieler mit der höchsten Augenzahl.

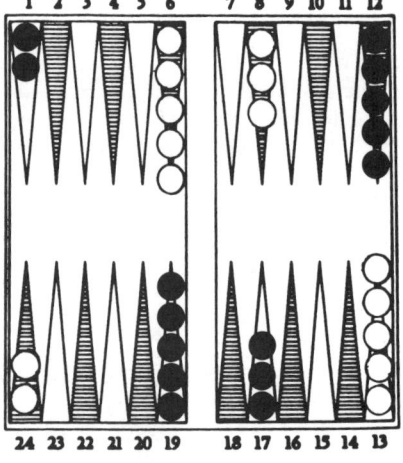

2 Schwarz hat eine 6 gewürfelt und Weiß eine 5.

1. *Wer beginnt das Spiel?*

....

2. *Wie ist die richtige Zugfolge?*

....

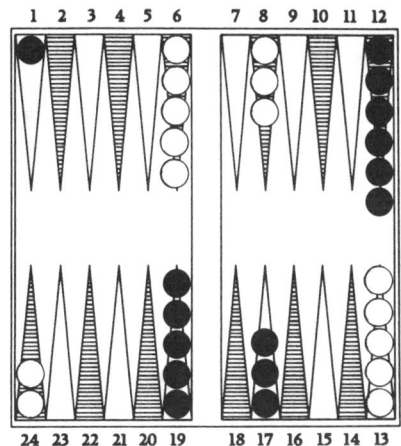

2 **Lösungen:**

1. Schwarz beginnt das Spiel.

2. Schwarz zieht einen Stein von Point 1 auf Point 12 (er aktiviert seinen ersten Renner und beabsichtigt somit, ein Rennspiel zu machen).

3 Weiß hat 3 und 1 gewürfelt und bildet eine Blockade auf Point 5.

Schwarz würfelt 6 und 1.

Zug?...........................

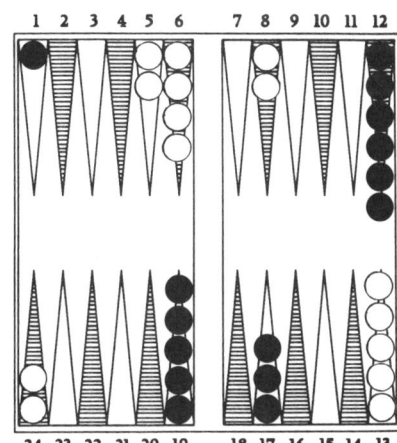

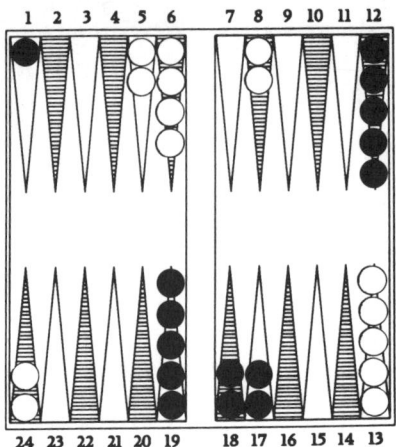

3 **Lösung:**

Schwarz zieht von Point 12 auf 18 und von Point 17 auf 18, macht somit seine dritte Blockade. Schwarz hat damit einen weiteren Landeplatz für seine hinteren Steine.

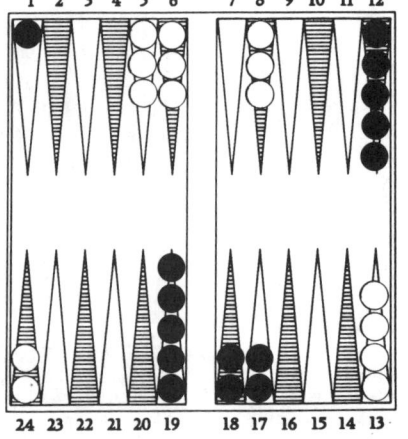

4 Weiß hat 5 und 1 gewürfelt und zieht folgende Steine:

Die 5 von Point 13 auf 8 und die 1 von Point 6 auf 5.

Schwarz würfelt 6 und 5.

Zug?...........................

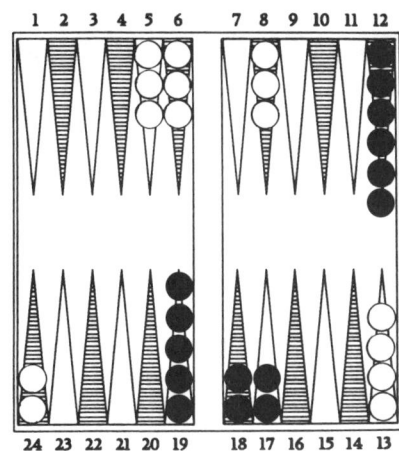

[4] **Lösung:**

Schwarz zieht seine letzten Renner von Point 1 auf 12. Mit diesem Wurf 6 und 5 (*Lovers – LEAP*) hat er seinen letzten hinteren Stein nach vorne gebracht. Optimale Voraussetzungen, ein Rennspiel zu gewinnen!

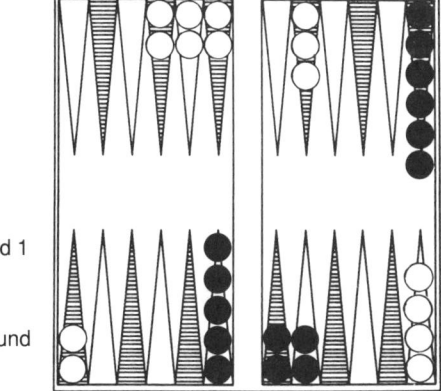

5 Weiß hat eine 2 und 1 gewürfelt und den Punkt 4 besetzt.

Schwarz würfelt 5 und 1.

Zug? ....

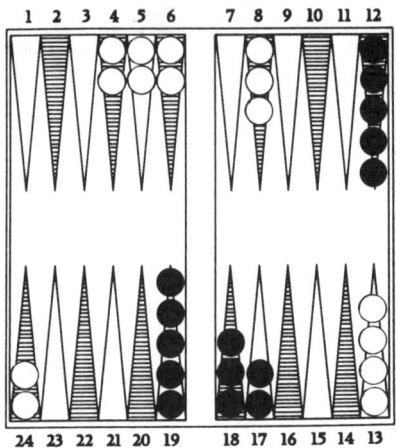

5 **Lösung:**

Schwarz zieht von Point 12 auf 18.

Schwarz ist bemüht, Weiß keine Gelegenheit zum Treffen eines Steines zu geben.

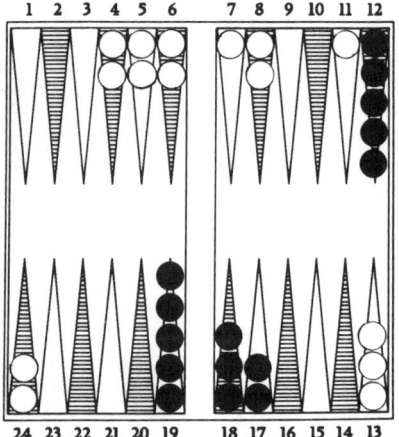

6 Weiß würfelt 2 und 1 und zieht von Point 13 auf 11 und von 8 auf 7.

Schwarz würfelt 4 und 4 (Pasch).

Zug?...........................

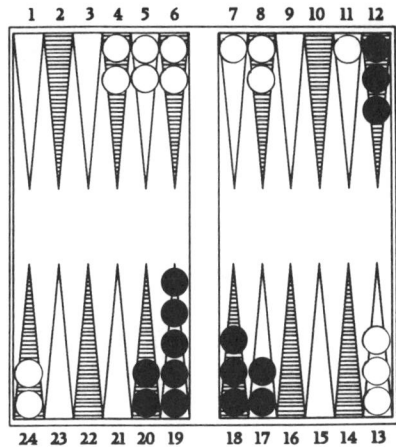

6 **Lösung:**

Schwarz zieht zwei Steine von Point 12 auf Point 20 durch und bildet eine weitere Blockade.

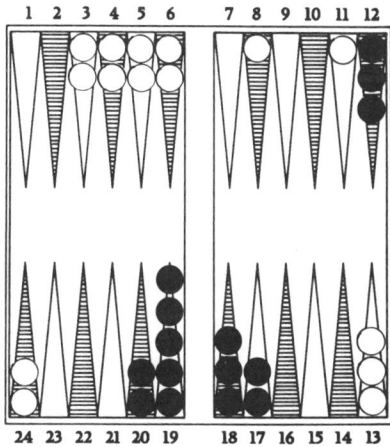

7 Weiß würfelt 5 und 4, besetzt Punkt 3 und hofft, einen Schuß und Treffer von Schwarz zu bekommen.

Schwarz würfelt 5 und 3.

Zug?...........................

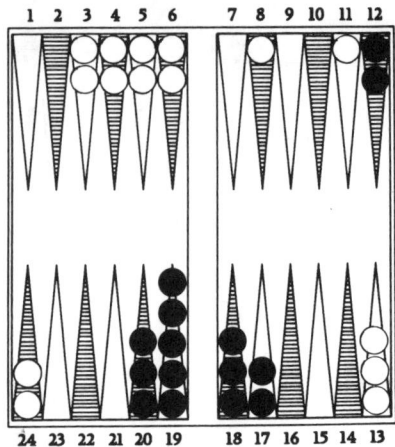

7 **Lösung:**

Schwarz zieht von Point 12 durch auf 20. Er gibt somit Weiß keine Treffermöglichkeit. Spielt Schwarz von 17 auf 22 und von 19 auf 22, hat er zwar den Punkt 22, gibt jedoch Weiß die Chance, auf 17 zu treffen. Dieses Risiko ist unnötig.

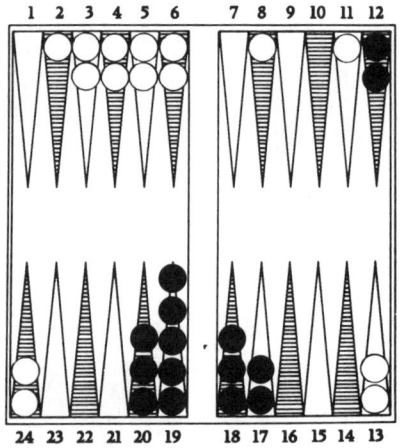

8 Weiß würfelt 6 und 5. Er zieht von Point 13 auf 2. Einen Renner kann er wegen der schwarzen Blockaden nicht nach vorne bringen.

Schwarz würfelt 2 und 1.

Zug?.............................

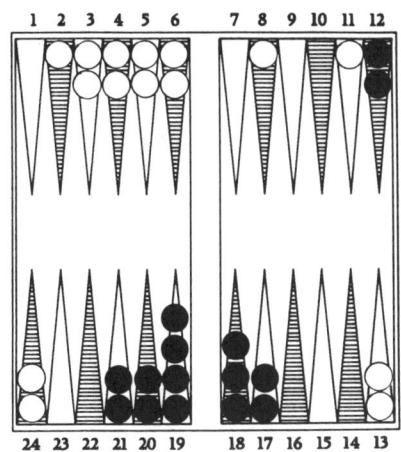

8 **Lösung:**

Schwarz zieht von Point 19 auf 21 und von 20 auf 21.

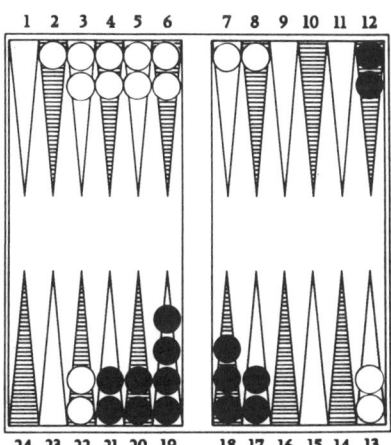

9 Weiß würfelt 2 und 2 und zieht zwei Steine von Point 24 auf 22 und einen Stein von 11 auf 7.

Schwarz muß 6 und 5 ziehen.

Zug? ....

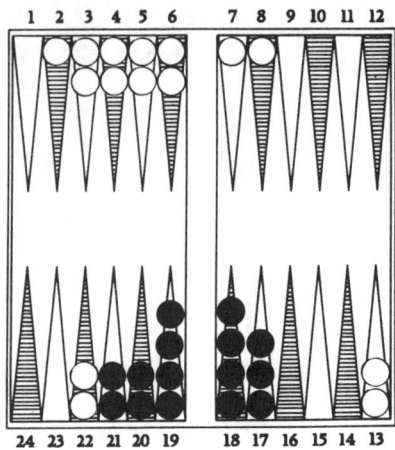

9 **Lösung:**

Schwarz zieht zwei Steine von Point 12 auf 17 und 18 und bringt die Steine, welche am weitesten entfernt sind, an sein Homeboard heran.

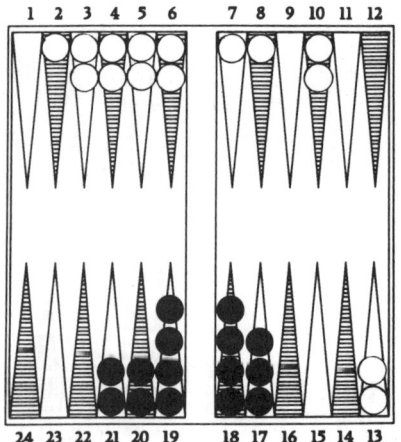

10 Weiß würfelt Pasch 6 und zieht beide Steine von Point 22 auf 10.

Schwarz würfelt 6 und 4.

1. *Nehmen Sie vor Ihrem Zug einen Pip-count vor.*

2. *Wie zieht Schwarz?*

Lösungen:...................

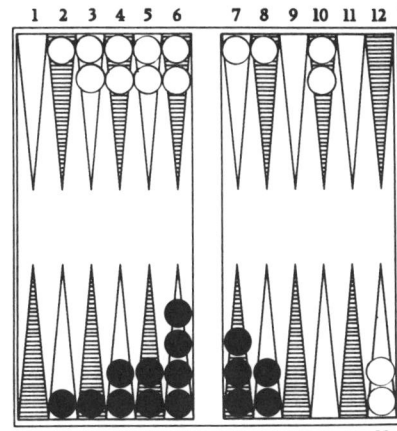

10 **Lösungen:**

1. Pipcount –
Schwarz 94 Augen

Pipcount – Weiß
99 Augen

Schwarz ist also fünf Augen vor; ein knapper Vorsprung. Nun kommt es auf die Folgewürfe an; klar, je höher, um so besser bzw. schneller!

2. Schwarz zieht von Point 17 auf 23 sowie von 18 auf 22 – er streut seine Steine im Homeboard, um gute Voraussetzungen für das Abtragen zu schaffen.

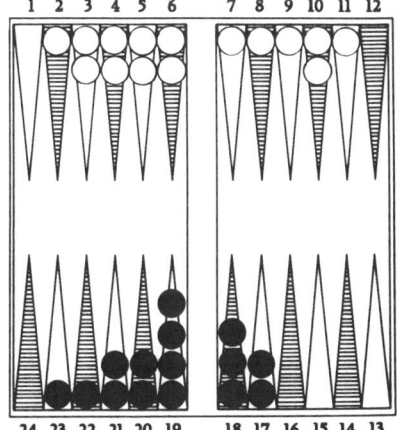

11 Weiß würfelt 2 und 4. Er spielt beide Steine von Point 13; mit diesem Spielzug spielt er Crossover (Zug von einem Spielfeld ins nächste).

Schwarz würfelt 6 und 6.

Zug? ....

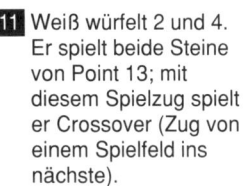

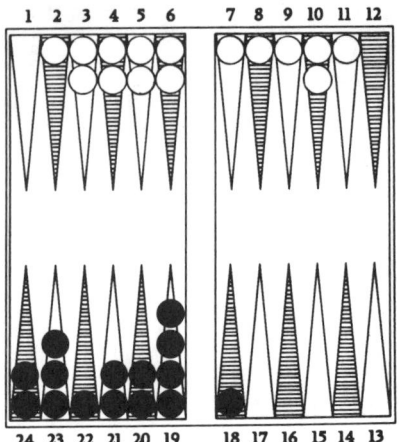

[11] **Lösung:**
Schwarz zieht zwei Steine von Point 17 auf 23 und zwei weitere Steine von Point 18 auf 24.

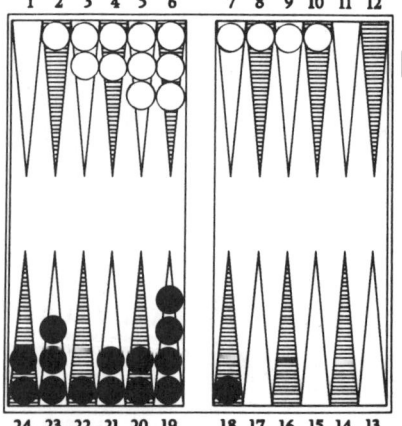

[12] Weiß würfelt 6 und 4. Er zieht den am weitesten vom Homeboard stehenden Stein von 11 auf 5 und von 10 auf 6.

Schwarz würfelt 4 und 1.

1. *Nehmen Sie vor dem Zug einen Pipcount vor?*

2. *Zugfolge Schwarz?*

....

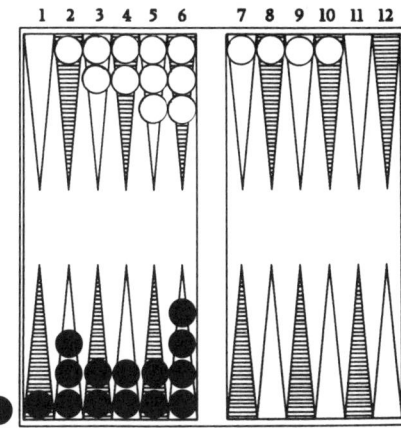

12 **Lösungen:**

Pipcount für
Schwarz: 60

Pipcount für Weiß:
83

Schwarz führt mit: 23 Augen,
ist also Favorit für den Spielgewinn.

Zug: Ein Stein von 18 auf 22. Mit der 1 trägt er einen Stein von
Punkt 24 ab.

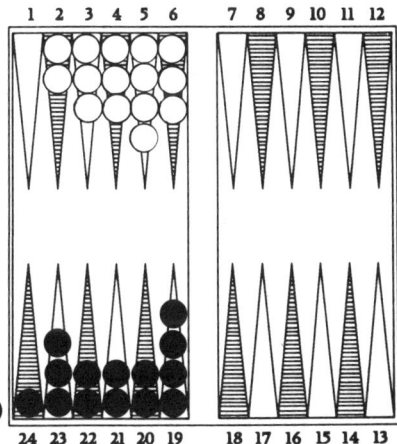

13 Weiß würfelt 5 und 5.
Er setzt alle Steine in
sein Homeboard, um
sofort im nächsten
Wurf abtragen zu
können.

Züge:
Von Point 10 nach 5,
von Point 9 nach 4,
von Point 8 nach 3
und
von Point 7 nach 2.

Schwarz würfelt 6 und
2.

Zug?...........................

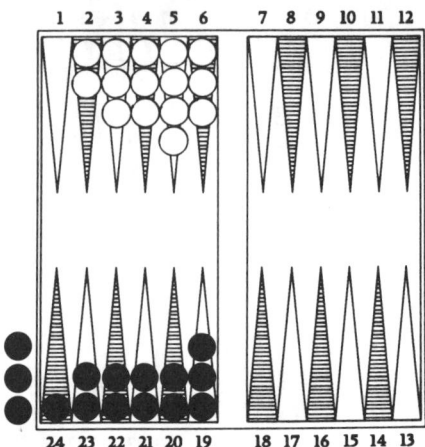

[13] **Lösung:**

Schwarz nimmt mit der 6 einen Stein von Point 19 aus dem Spiel und mit der 2 einen Stein von Point 23.

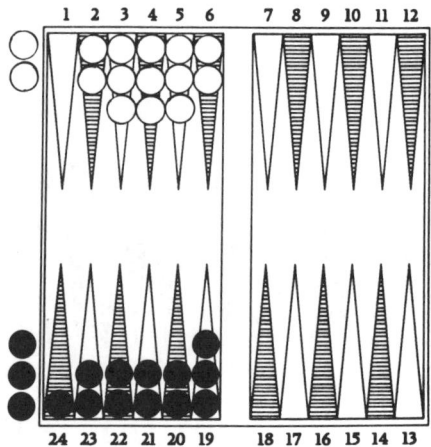

14 Weiß würfelt 6 und 5 und trägt einen Stein von Point 6 und einen weiteren von der 5 ab.

Schwarz hat 5 und 2 zu ziehen.

Zug? ....

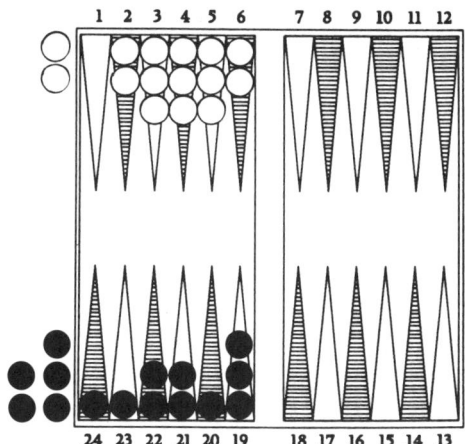

14 **Lösung:**

Schwarz trägt zwei Steine ab, von Point 20 und 23.

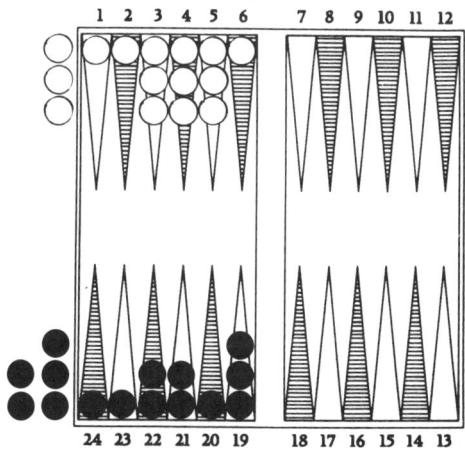

15 Weiß würfelt 6 und 1. Er spielt mit der 6 von Point 6 einen Stein heraus. Da der Point 1 mit keinem Stein besetzt ist, kann er von diesem Point keinen Stein aus dem Spiel nehmen. Demzufolge muß er die Augenzahl 1 im Homeboard ziehen. Er spielt einen Stein von Point 2 auf die 1, um diesen für die nächste 1 zu besetzen.

Schwarz würfelt 5 und 5.

Zug? ....

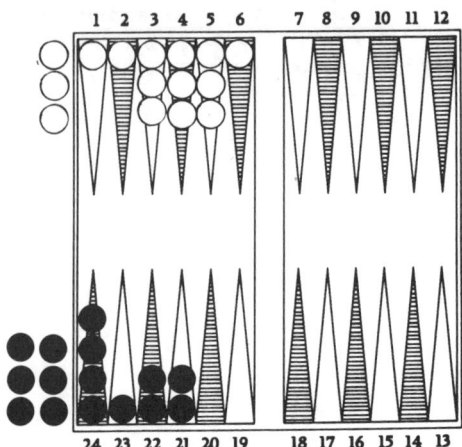

15 Lösung:

Ein Stein wird von dem Point 20 abgetragen. Weitere Steine befinden sich nicht auf Point 20, so daß nicht weiter abgetragen werden kann. Die verbleibenden 5er (3 Stück) müssen von Point 19 auf 24 gezogen werden.

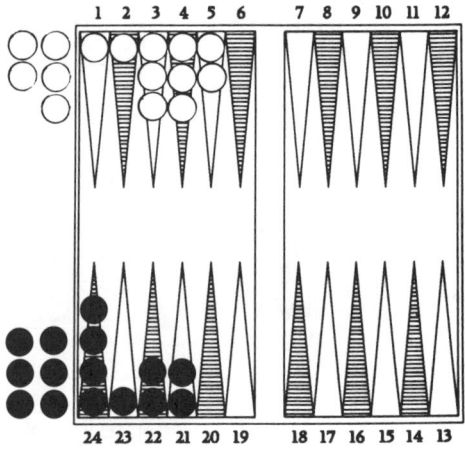

16 Weiß würfelt 6 und 5 und nimmt die Steine von Point 6 und 5 aus dem Spiel.

Schwarz würfelt 4 und 3.

Zug? ....

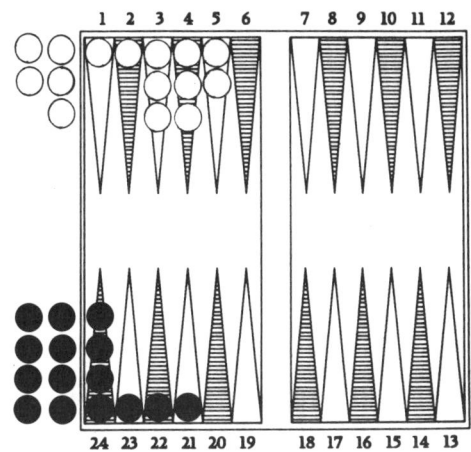

16 Lösung:

Schwarz nimmt zwei Steine aus dem Spiel; von Point 21 und 22.

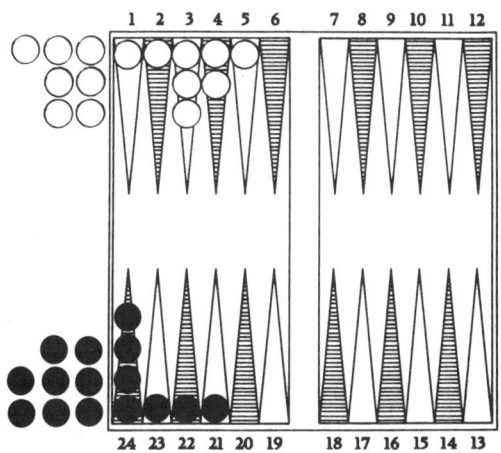

17 Weiß würfelt 6 und 4 und nimmt die Steine von Point 5 und 4 aus dem Spiel.

Schwarz hat 5 und 5 zu ziehen.

Zug? ....

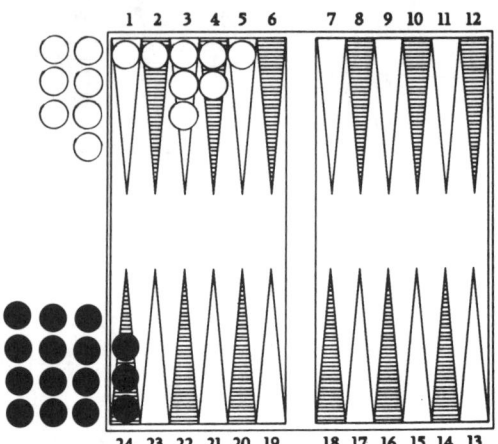

17 **Lösung:**

Auf Point 20 steht kein Blot. Also kann die niedrigere Zahl (die 4 anstatt die 5) zum Abtragen genutzt werden. Ist diese auch nicht besetzt, wieder eine Zahl niedriger.

Schwarz kann also vier Steine abtragen:
- einen Stein von Point 21,
- einen Stein von Point 22,
- einen Stein von Point 23 und
- einen Stein von Point 24.

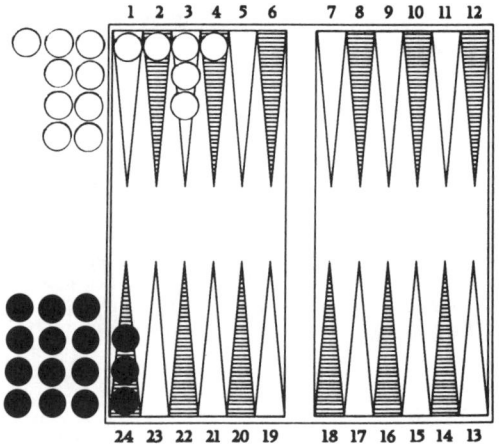

18 Weiß würfelt 6 und 5 und spielt zwei Steine von Point 5 und 4 aus.

Schwarz würfelt 1 und 1.

Zug? ....

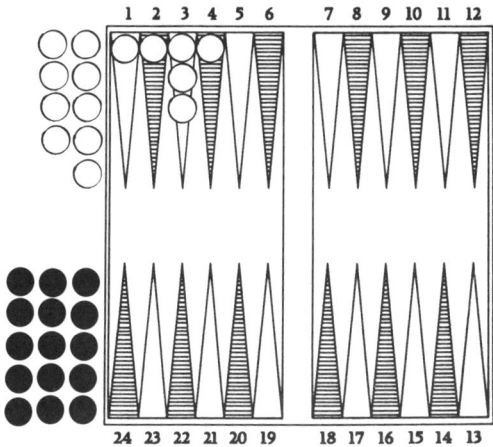

18 **Lösung:**

Schwarz nimmt mit Pasch 1 alle drei Steine aus dem Spiel und ist somit Gewinner.

Weiß verliert…

Wie sagte Mao? – »*Die Niederlage ist die Mutter des Erfolges.*«

Das Blocking-Game

Dieses Spiel wird auch Blockade- oder Positionsspiel genannt.
Das Blockadespiel ist der häufigste Spieltyp beim Backgammon.
Hierbei kommt es darauf an, sich mit viel Geschick Spielvorteile zu verschaffen. Es handelt sich um eine sehr aggressive Spielvariante, bei der man versucht, Druck auf seinen Spielgegner und dessen Spiel auszuüben.
Im Gegensatz zum Rennspiel ist hier Sicherheit fehl am Platze! Entscheidend sind Taktik und Strategie. Der Glücksfaktor ist hier sehr gering. Das Blockadespiel steht im krassen Widerspruch zum Running-Game. Im Mittelspiel werden die häufigsten Entscheidungen über Sieg oder Niederlage getroffen.

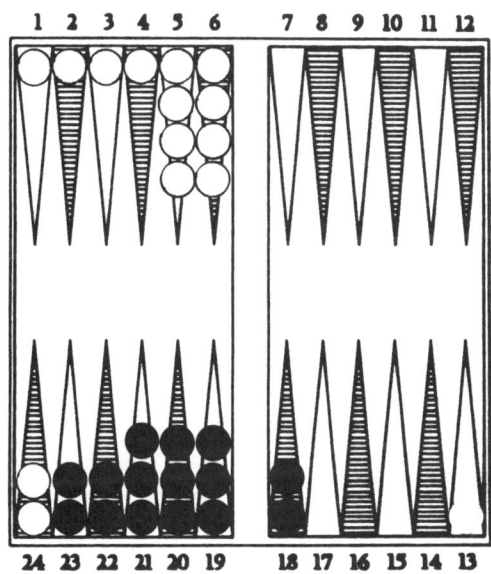

Ihr Ziel sollte es sein, erst ein geschlossenes Homeboard oder im Außenfeld eine *Prime* (Punktsequenz) zu bilden.

Ein geschlossenes Board *(Closed-Board)* und eine Punktsequenz *(Prime)* werden in den Schaubildern (S. 85, S. 86) dargestellt.

Ist es Ihnen gelungen, eine Prime zu bilden, so versuchen Sie, durch ein optimales Timing diese auch entsprechend zu halten. Das Bilden und Halten einer Prime erfordert viel Überblick und scharfes Urteilsvermögen. Des weiteren ist es wichtig, einen Zug vorauszudenken. Haben Sie sich eine 5er- oder auch 6er-Prime geschaffen, so seien Sie also bitte nicht sorglos! Auch hier kann noch einiges geschehen...

Beim Blocking-Game ist es weiterhin sehr wichtig, die Außenfelder zu kontrollieren. Lösen Sie aus diesem Grund nicht zu schnell den *Mid-Point* (Punkt 12) auf.

Die Schlüsselpunkte beim Blockadespiel sind der Point 18 *(Bar-Point)* und der Point 20; beim Gegner der Point 7 *(Bar-Point)* und Point 5 *(Golden-Point)*. Versuchen Sie in jedem Fall, diese Schlüsselpositionen zu besetzen.

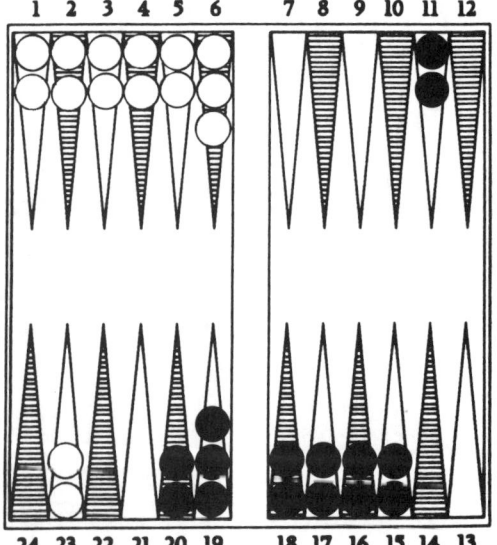

Ein weiteres entscheidendes Kriterium für das Blockadespiel ist das Heranführen von *Buildern* (Bausteine) an Ihr Homeboard. Diese Builder sind wichtige Steine zum Besetzen von Punkten.

Weiterhin ist es erforderlich, ein gewisses Risiko in Ihrem Spiel auf sich zu nehmen. Dazu gehört, daß Sie einzelne Steine in Ihrem Homeboard zum Schuß preisgeben *(slotten)*. Trifft Ihr Gegner Ihren Stein nicht, so haben Sie durch entsprechende Wurfkombinationen die Möglichkeit, Punkte in Ihrem Homeboard zu besetzen. Logischerweise ist es von Vorteil für Sie, einige Punkte im Homeboard zu besetzen. Sollten Sie einen gegnerischen Stein treffen, so erschwert dies natürlich das Einsetzen in Ihr Homeboard für Ihren Gegner.

★

Entscheiden Sie sich für ein Spiel, in dem Sie Ihrem Gegner einen Treffer lassen wollen, so versuchen Sie, dessen Schlagpotential zu mindern. Das erreichen Sie durch einen indirekten oder direkten Schuß.

Unter einem direkten bzw. indirekten Treffer versteht man folgendes:

Wenn Sie z. B. eine 4 würfeln und Sie damit einen gegnerischen Stein treffen können, handelt es sich um einen *direkten Schuß.*

Brauchen Sie für einen Treffer z. B. eine 9 (3 und 6 bzw. 5 und 4), so handelt es sich um einen *indirekten Schuß.*

★

Abschließend sei noch beim Blockadespiel auf die Gefahr von »Gammon« und »Backgammon« hingewiesen. *Gammon* bedeutet, daß Sie zwei Punkte im Spiel verlieren. Beim *Backgammon* verlieren Sie drei Punkte.

Das Blocking-Game in der Praxis

Als nächstes haben Sie die Gelegenheit, durch ein Demonstrationsspiel Ihr Spielvermögen im Hinblick auf das Blocking-Game zu prüfen.

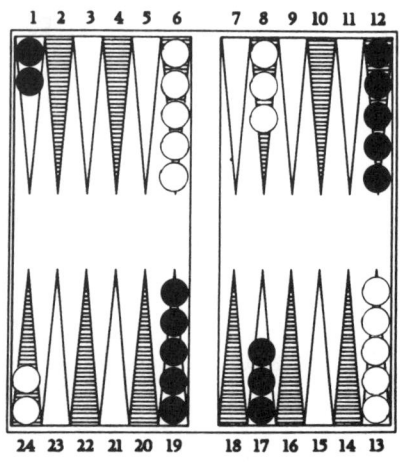

1 Schwarz würfelt 2 und 1.

Zug?............................

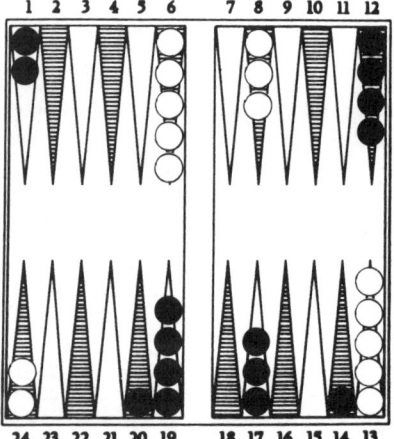

1 **Lösung:**

Schwarz führt mit der 2 einen Builder an sein Homeboard heran, und mit der 1 slottet er auf Point 20.

Weiß kann mit dem Wurf 4 und 6 zwar beide Steine schlagen, Schwarz geht jedoch dieses Risiko ein, um mit den Würfen 1, 3, 6 und 8 seinen Point 20 zu schließen.

Rechnerisch ausgedrückt heißt das, Schwarz kann mit 31 möglichen Augenzahlen den Point 20 besetzen; demgegenüber hat Weiß mit 19 Kombinationen die Möglichkeit, Schwarz zu schlagen.

Wie wird so etwas errechnet?

Ganz einfach: Sie haben zwei Würfel mit jeweils den Augenzahlen 1 bis 6. Wenn Sie eine 2 und 1 würfeln, können Sie das mit diesen beiden Würfeln wie oft?

Antwort: 2mal.

Augenzahl der Würfel: 2 und 1 sowie 1 und 2.

Mit beiden Würfeln haben Sie insgesamt 36 Wurfkombinationen.

Zum besseren Verständnis folgende Darstellung:

6 – 1	1 – 6	5 – 1	1 – 5
6 – 2	2 – 6	5 – 2	2 – 5
6 – 3	3 – 6	5 – 3	3 – 5
6 – 4	4 – 6	5 – 4	4 – 5
6 – 5	5 – 6	5 – 5	
6 – 6	Pasch nur 1mal	= 9 Möglichkeiten	
= 11 Möglichkeiten			

4 – 1	1 – 4	3 – 1	1 – 3
4 – 2	2 – 4	3 – 2	2 – 3
4 – 3	3 – 4	3 – 3	
4 – 4		= 5 Möglichkeiten	
= 7 Möglichkeiten			

2 – 1	1 – 2	
2 – 2		1 – 1
= 3 Möglichkeiten		= 1 Möglichkeit

gesamt = 36 Möglichkeiten

Um also den Punkt 20 zu bilden, benötigen Sie folgende Wurfkombinationen:

1 – 6	6 – 1	2 – 2
1 – 5	5 – 1	2 – 4 4 – 2
1 – 4	4 – 1	2 – 6 6 – 2
1 – 3	3 – 1	= 5 Möglichkeiten
1 – 2	2 – 1	(2 und 1 nicht in diesem Block,
1 – 1		da bereits vorher aufgeführt – bei 1-Block)
= 11 Möglichkeiten		

3 – 3
3 – 2   2 – 3
3 – 4   4 – 3
3 – 5   5 – 3
3 – 6   6 – 3
= 9 Möglichkeiten

4 – 4
4 – 6   6 – 4
= 3 Möglichkeiten

5 – 6   6 – 5
= 2 Möglichkeiten

6 – 6
= 1 Möglichkeit

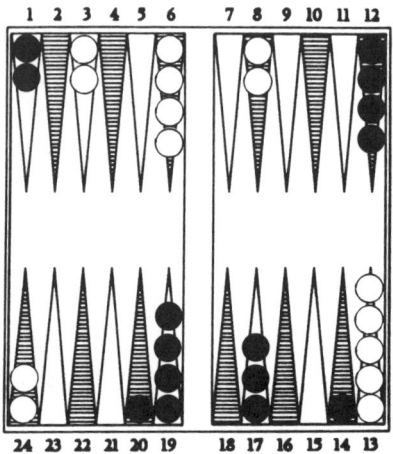

2 Weiß würfelt 5 und 3 und besetzt den Point 3.

Schwarz würfelt 4 und 2.

Zug?............................

2 **Lösung:**

Schwarz punktet auf dem Point 20.

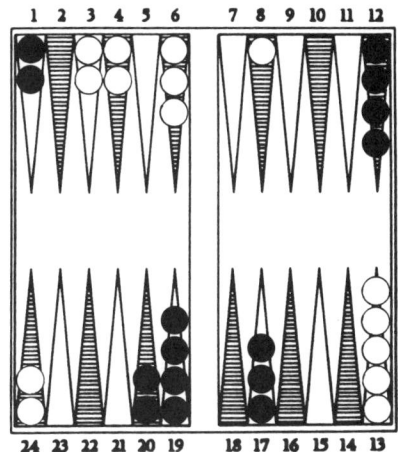

3 Weiß würfelt 4 und 2 und besetzt den Point 4.

Schwarz würfelt 6 und 1.

Zug? ....

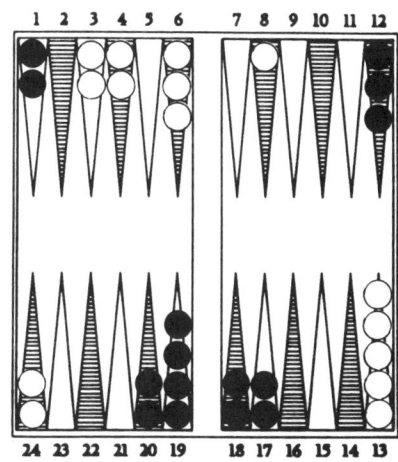

3 **Lösung:**

Schwarz besetzt den Bar-Point.

Er zieht einen weiteren Stein von Point 12 auf 18 und einen weiteren Stein von Point 17 auf 18.

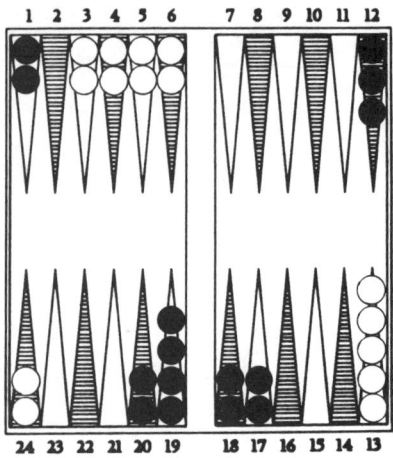

4 Weiß würfelt 3 und 1 und bildet eine Blockade auf seinem Golden-Point (Point 5).

Schwarz würfelt 2 und 2.

Zug?...........................

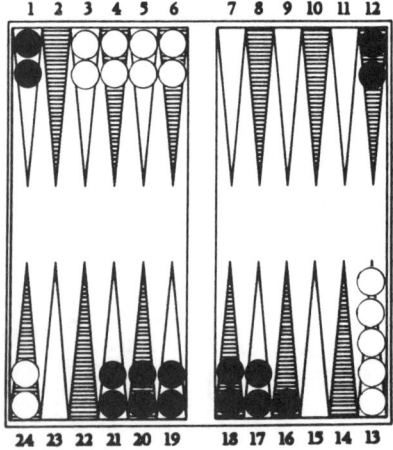

4 Lösung:

Mit zwei Steinen zieht Schwarz von Punkt 19 auf den Point 21 und bildet somit eine 5er-Prime. Mit den verbleibenden Augenzahlen (2mal die 2) markiert Schwarz einen Builder auf Point 16, um eine 6er-Prime zu bekommen. Er setzt nicht zwei Steine von Point 12 herab, da die Blockade auf Punkt 14 wertlos ist.

Zusatzfrage:

Wie viele Schlagmöglichkeiten hat Weiß für den schwarzen Stein auf Point 16?

Lösung:

Nur eine Treffermöglichkeit beim Stein auf Point 16 (2 und 6).

Weiß hat einen Treffer aus 36 Möglichkeiten.

Dieses Risiko bietet Schwarz den Vorteil, eine 6er-Prime aufzubauen.

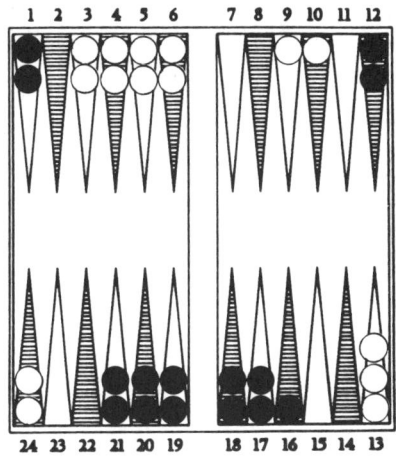

5 Weiß würfelt 3 und 4 und zieht seine Steine auf Point 10 und 9.

Schwarz würfelt 4 und 2.

Zug? ....

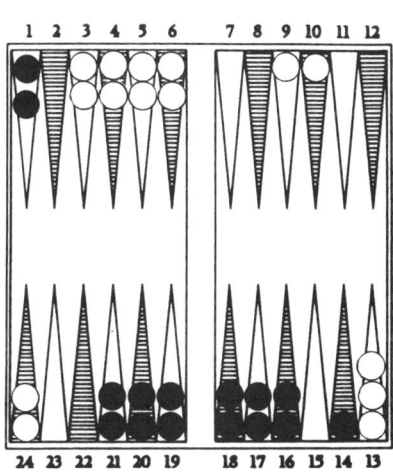

5 **Lösung:**

Schwarz zieht mit der Augenzahl 4 einen Stein von Point 12 auf Point 16 und hat somit eine Prime (6 Punkte hintereinander) gebildet. Für Weiß ist es unmöglich, hierüber zu kommen. Mit der 2 zieht Schwarz von Point 12 auf 14.

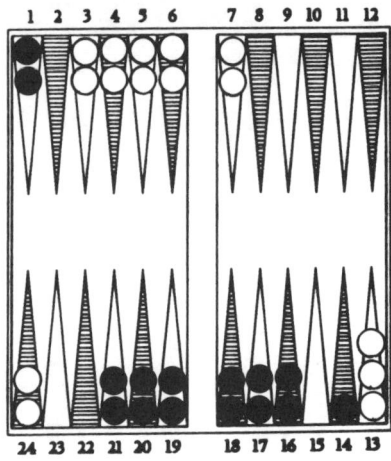

6 Weiß würfelt 3 und 2 und besetzt den Bar-Point.

Schwarz würfelt 1 und 1.

Zug?...........................

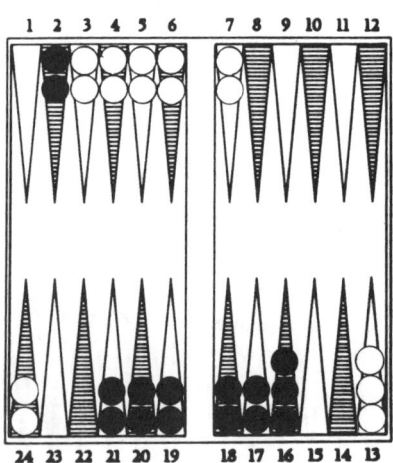

6 **Lösung:**

Schwarz zieht zwei Steine von Point 1 auf 2 und hat dadurch einen zurückliegenden Anker (*Anker* = einen Punkt, den man im gegnerischen Heimfeld besetzt hält) im Homeboard von Weiß. Er kann in seinen Folgewürfen mit jeder 6 (von Point 1 war das nicht möglich) einen der Renner aktivieren.

Mit den verbleibenden zwei 1ern zieht er von Point 14 auf 16. Seine Prime läßt er bestehen.

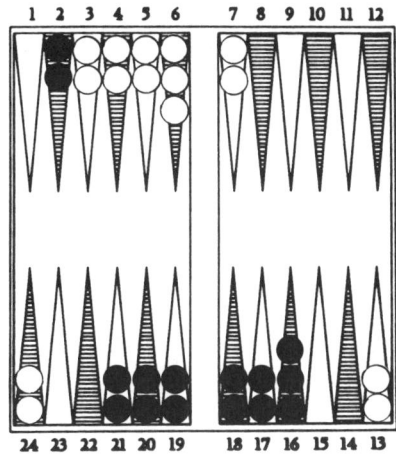

7 Weiß würfelt 6 und 1 und zieht seinen Stein von Point 13 auf Point 6.

Schwarz würfelt 6 und 6.

Zug? ....

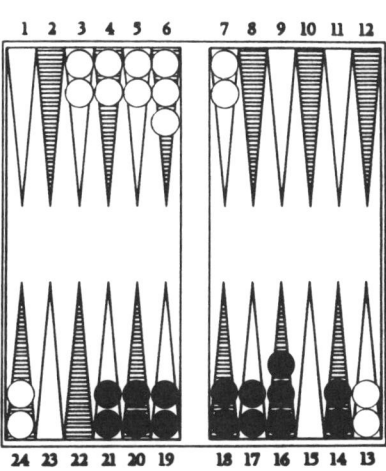

7 **Lösung:**

Schwarz benutzt diesen Wurf – ein sogenannter *Joker*-Wurf (eine Blockade zu überwinden und das Spiel zu seinen Gunsten zu wenden) –, um seine beiden Renner auf Point 14 durchzuziehen.

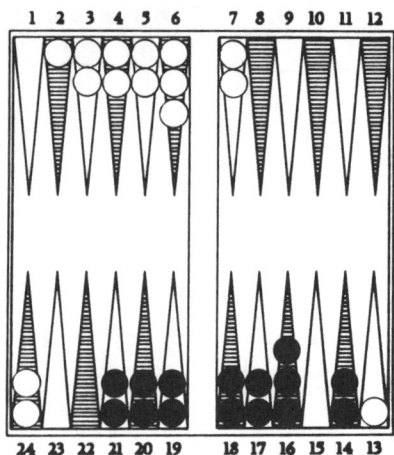

8 Weiß würfelt 6 und 5, löst seinen Mid-Point (den Punkt 13) auf und zieht durch auf Point 2.

Schwarz würfelt 4 und 5.

Zug?...........................

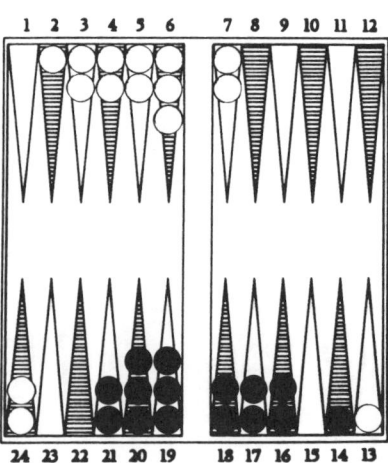

8 **Lösung:**

Er zieht einen Stein von Point 14 auf 19 und einen weiteren von Point 16 auf 20. Die Prime löst er noch nicht auf.

Würde Schwarz den Wurf 4 und 5 dazu verwenden, mit der Zugfolge Point 14 nach 18 und 14 nach 19 zu ziehen, könnte es in den Nachfolgezügen passieren, daß er z. B. mit dem Wurf 6 und 4 seine Prime öffnet und Weiß einen Treffer ermöglicht.

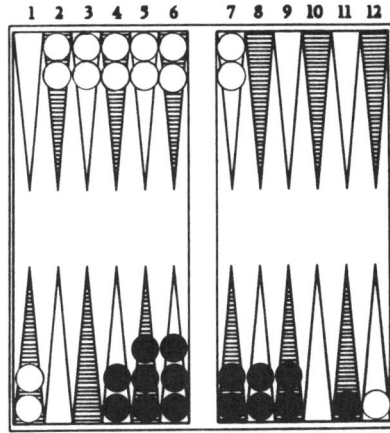

9 Weiß würfelt 3 und 1 und besetzt Point 2.

Schwarz würfelt 6 und 3.

Zug? ....

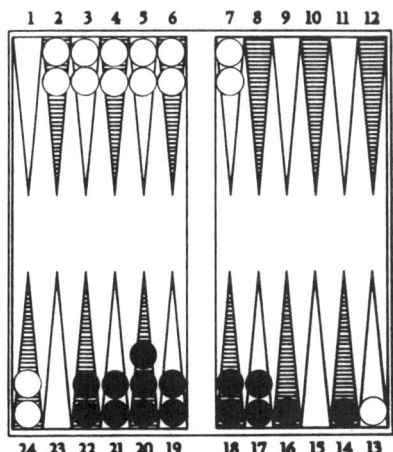

9 **Lösung:**

Schwarz löst mit der 6 Point 16 auf und zieht auf Point 22 und weiter mit der 3 von Point 19 auf 22. Er hat somit wieder eine 6er-Prime. Der Blot auf Point 16 kann von Weiß nicht geschlagen werden, da die schwarze Prime unüberwindbar ist.

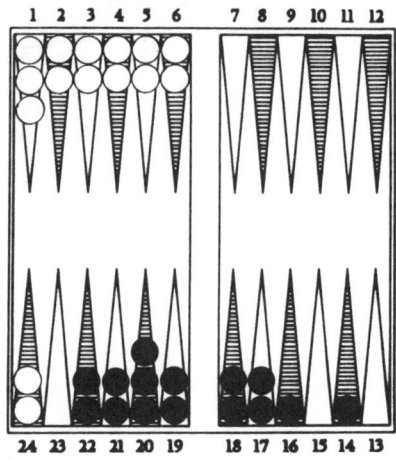

10 Weiß würfelt Pasch 6 und muß zwei Steine von Point 13 auf 1 und zwei Steine von 7 auf 1 ziehen. Er hat ein Closed-Board.

Schwarz würfelt 3 und 1.

Zug? ....

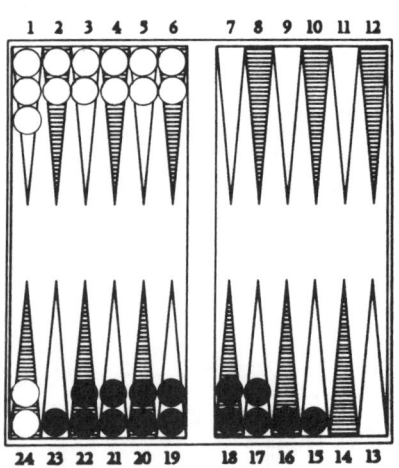

10 Lösung:

Er zieht mit der 3 auf Point 23 von Point 20. Mit der 1 zieht er auf Point 15. Selbst wenn Weiß mit jeder 1 den schwarzen Stein schlägt, muß er mit der verbleibenden Augenzahl sein Homeboard öffnen.

Zusatzfrage: Wie muß Weiß ziehen bei 5 und 1?

Lösung:

Weiß muß den Punkt 6 in seinem Heimfeld auflösen (die 5 von 6 auf 1 und die 1 von 6 auf 5) und darf in keinem Fall den schwarzen Blot auf der 23 schlagen, da der getroffene schwarze Stein ansonsten eine Treffer-Chance auf Point 6 bekommt.

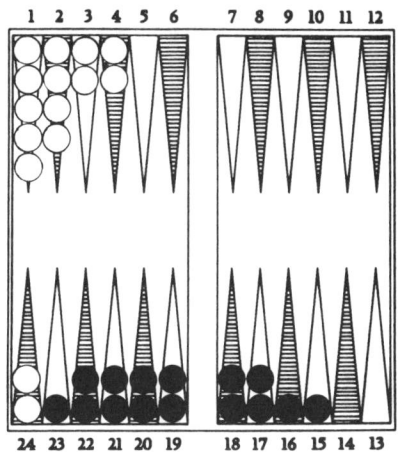

11 Weiß würfelt 4 und 4 und zieht zwei Steine von Point 6 auf 2 und weitere zwei Steine von Point 5 auf 1.

Schwarz würfelt 6 und 4.

Zug? ....

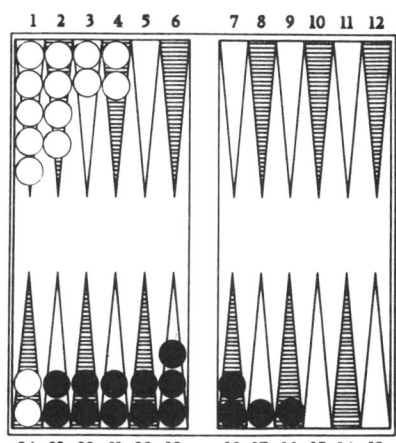

11 **Lösung:**

Schwarz bildet mit der 6 von Point 17 den Punkt 23, die 4 zieht er von 15 nach 19. Die Prime hat weiterhin Bestand.

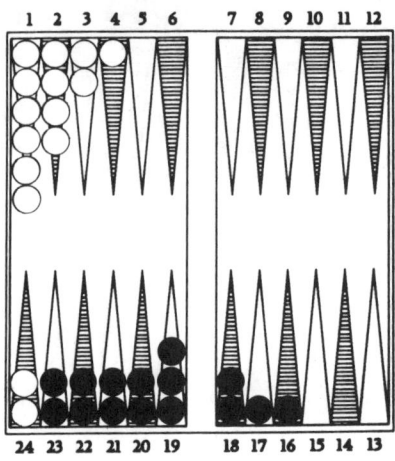

12 Weiß würfelt 6 und 3. Die 6 kann nicht gezogen werden, die 3 muß Weiß von Punkt 4 auf die 1 spielen. Er hat eine *Crunch*-Position (schlechtes Homeboard und Steine außerhalb sind noch im Spiel).

Schwarz würfelt 5 und 5.

Zug? ....

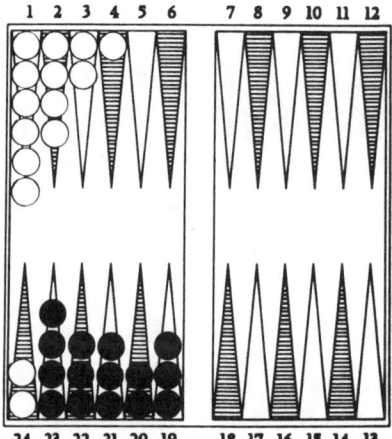

12 **Lösung:**

Schwarz kann nur folgende Züge spielen:

- ein Stein von Point 16 auf 21,

- ein Stein von Point 17 auf 22 und

- zwei Steine von Point 18 auf 23.

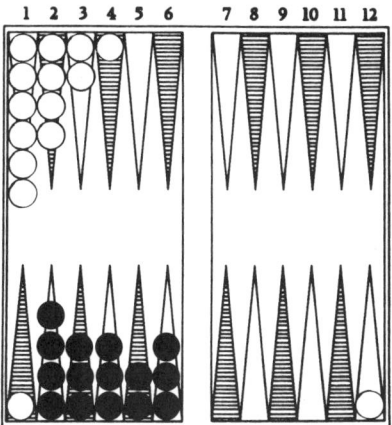

13 Weiß würfelt 6 und 5.
Er muß seinen Stein
von Point 24 auf 13
durchziehen.

Schwarz würfelt 5 und
3.

Zug? ....

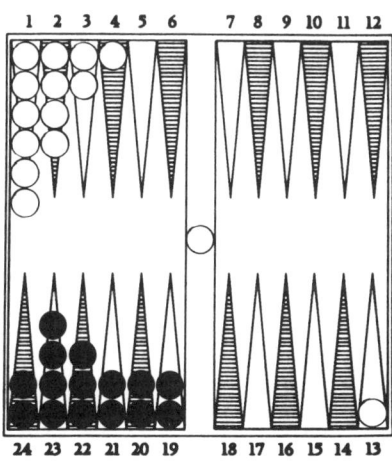

---

13 Lösung:

Mit der 5 schlägt Schwarz von Punkt 19 den weißen Blot auf Point
24 und verweist diesen auf die Bar. Mit der 3 spielt er von Punkt 21
auf 24, schließt hier und hat ein geschlossenes Heimfeld. Weiß
kann zur Zeit in keinem Fall von der Bar seinen Stein wieder ins
Spiel bringen.

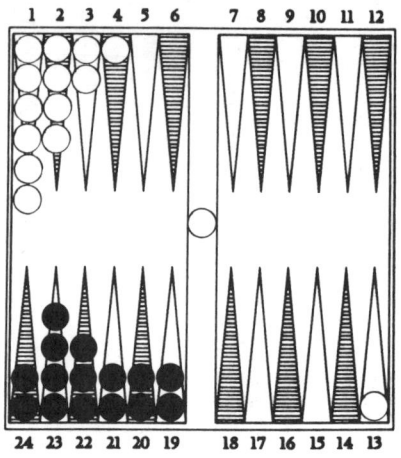

14 Weiß braucht nicht würfeln. Er kann seinen Blot von der Bar nicht einbringen.

Schwarz würfelt 6 und 1.

Zug?...........................

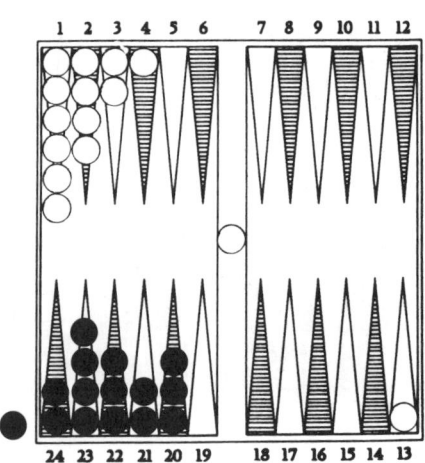

14 **Lösung:**

Schwarz nimmt mit der Augenzahl 6 einen Stein von Punkt 19 aus dem Spiel. Mit der 1 zieht er einen Stein von 19 auf 20. Er ist nunmehr Favorit für dieses Spiel (große Aussicht auf Spielgewinn).

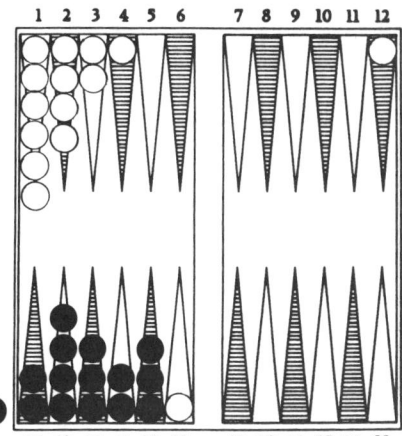

15 Weiß muß nun wieder würfeln, da der Point 19 von Schwarz geräumt wurde und Weiß die Möglichkeit hat, seinen Stein erneut ins Spiel zu bringen. Er würfelt 6 und 1. Mit der 6 stellt er von der Bar seinen Stein auf Point 19, und mit der 1 spielt er Crossover von Point 13 auf 12 (mit jeder 6 kann er dann in sein Heimfeld).

Schwarz würfelt 5 und 5.

Zug? ....

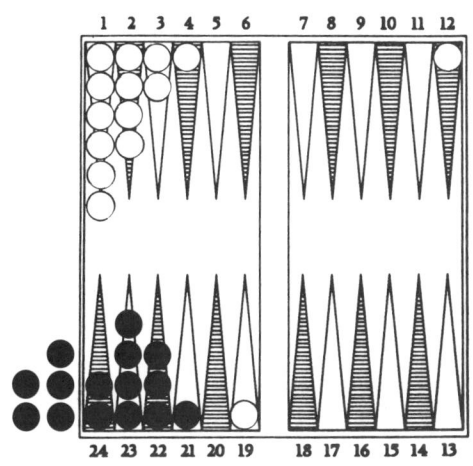

15 **Lösung:**

Schwarz trägt vier Steine ab; drei Steine von Punkt 20 und einen Stein von Punkt 21.

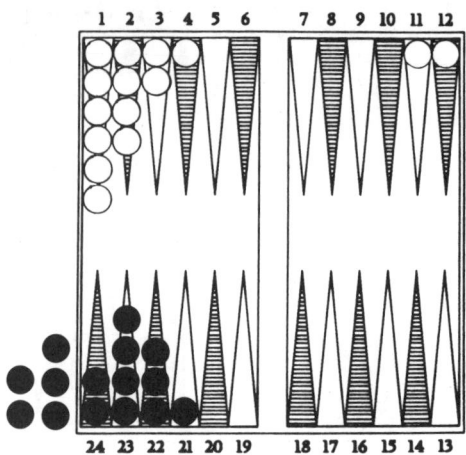

16 Weiß würfelt 6 und 2 und zieht seinen Stein von Point 19 auf Point 11.

Schwarz würfelt 6 und 6.

Zug?..............

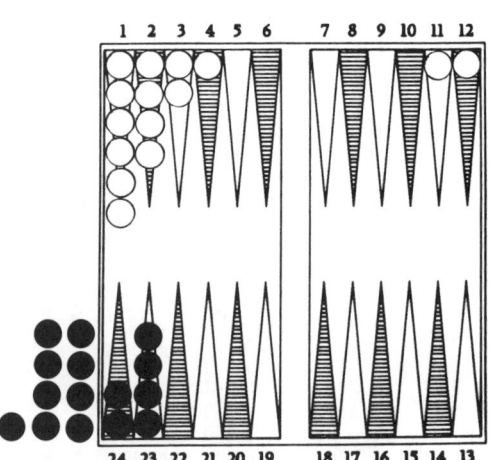

16 **Lösung:**

Auf Point 19 hat Schwarz keinen Stein stehen. Somit kann er mit der Augenzahl 6 keinen Stein aus dem Spiel nehmen. Dasselbe gilt für Point 20.

In solchen Fällen wird die entsprechende Augenzahl umgewandelt in eine Zahl, auf der sich der nächste Stein befindet. In unserem Fall Point 21. Es können somit mit der gewürfelten Augenzahl 6 folgende Steine abgetragen werden:

Ein Stein von Point 21 und drei Steine von Point 22.

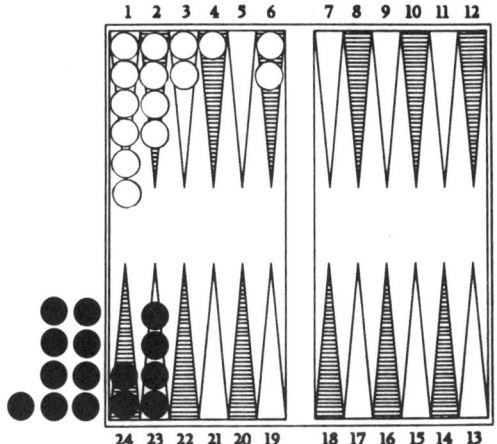

17 Weiß würfelt 6 und 5 und spielt seine beiden Steine vom Außenfeld ins Homeboard, um beim nächsten Wurf abtragen zu können.

Schwarz würfelt 2 und 2.

Zug? ....

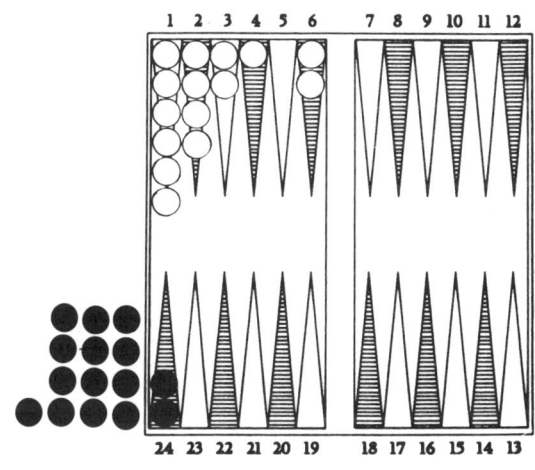

17 Lösung:

Schwarz spielt vier Steine von Punkt 23 ab.

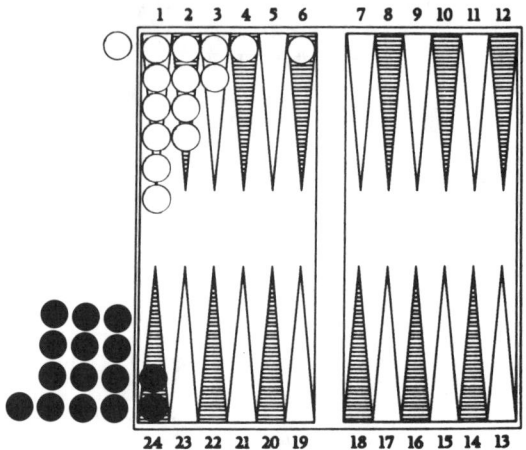

Weiß würfelt 5 und 1. Da sich kein Stein auf Point 5 befindet, muß er von Point 6 mit der 1 auf Point 5 ziehen, um dann mit der 5 abtragen zu können.

Letztlich würfelt Schwarz 6 und 5 und kann beide Steine von Point 24 aus dem Spiel nehmen. Er gewinnt somit vor Weiß, da er alle Steine aus seinem Heimfeld herausgewürfelt hat. Bleibt für Weiß der Trost von Brecht: »*Die einen stehen im Schatten, die anderen stehen im Licht. Die im Schatten sieht man nicht, nur die im Licht.*«

Das Back-Game

Als Back-Game bezeichnet man ein Spiel, das vom gegnerischen Homeboard aufgezogen wird (Spiel zurück). Der Erfolg des Back-Game ist abhängig von Glück und Technik. Diese Spielvariante besitzt den größten Reiz und die höchste Dramatik. Das Spiel kann hin und her gehen. Es bedarf hier hoher Ansprüche und einer guten Strategie. Die Situationen ändern sich laufend. Das Back-Game ist dann zu spielen, wenn man im Rennen hoffnungslos zurückliegt.

Man sollte jedoch nicht bewußt auf Back-Game spielen, sondern sich diesen Spieltyp als letzte Chance in Reserve halten.

Die Grundstrategie des Back-Game basiert auf drei Voraussetzungen:

1. Zwei Punkte müssen sich tief im Homeboard des Gegners befinden.

2. Man muß eine gute Position im eigenen Feld besitzen, und

3. man muß genügend Laufsteine besitzen.

Der Dreh- und Angelpunkt des Back-Game ist die Blockierung im Heimfeld des Gegners. Dies hat jedoch nur dann einen Sinn, wenn sich Ihre Steine tief im Homeboard des Gegners befinden, um dann zur gegebenen Zeit eine Chance auf einen Schuß zu erhalten. Wichtig beim Back-Game ist es, daß Sie den Punkt 1 im gegnerischen Homeboard besetzt halten. Man nennt dies auch ein *Ace-point-Game*. Je weiter sich Ihre Steine von der 1 des Gegners weg befinden, um so problematischer wird diese Spielvariante (Ihr Gegner kann mühelos an Ihnen vorbeiziehen). Besitzen Sie die Punkte 5 und 4 im gegnerischen Homeboard, kann man dies nicht als Back-Game bezeichnen. Es handelt sich hier um eine untergeordnete Spielvariante, die man auch *Holding-Game* nennt.

Das größte Augenmerk beim Back-Game ist auf das Timing zu richten. Der Zeitfaktor spielt eine entscheidende Rolle bei Ihrem Spiel. Sie sollten also durchaus auch die Taktik einmal anwenden, Steine auszusetzen und hohes Risiko zu spielen. Das Timing benötigen Sie, um Ihr eigenes Heimfeld nicht aufzubrechen. Denn falls Sie eine Chance erhalten, einen gegnerischen Blot zu treffen, so sollten Sie die Möglichkeiten des Gegners, seinen Stein wieder von der Bar einzubringen, auf ein Minimum beschränken. Das Spiel Back-Game birgt natürlich das Risiko des Gammon: Sie verlieren das Spiel doppelt.

★

Als Konter zum Back-Game wäre zu sagen, daß Sie unter Umständen den benötigten vierten Stein des Gegners nicht schlagen. Des weiteren können Sie sein Timing dadurch zerstören, daß Sie Ihre eigenen Steine recht langsam über die Spielbahn ziehen. Haben Sie alle Ihre Steine im Heimfeld versammelt und Ihr Gegner hat die Punkte 1 und 2 besetzt, so hat das Sicherheitsbedürfnis absoluten Vorrang, um dem Gegner keine Treffer-Chance einzuräumen. Zu diesem Zweck ist es immer sehr wichtig, beim Ausspielen der Steine (z. B. auf Punkt 19 zwei Steine, auf Punkt 20 vier Steine usw.) gerade zu stehen, um somit gefahrlos abtragen zu können.

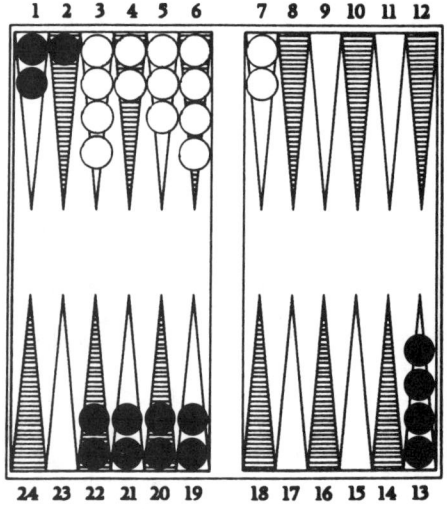

In dieser Phase des Spiels liegen Sie im Rennen hoffnungslos zurück. Die Aussichten auf Spielgewinn sind sehr gering.

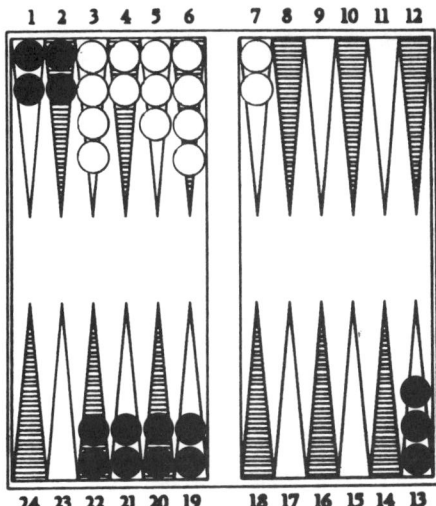

Haben Sie jedoch zwei Blockaden im Heimfeld des Gegners aufgebaut, so besteht noch eine gewisse Chance, das Spiel herumzureißen. Würfelt z. B. Weiß 6 und 4, so muß er einen Stein von Punkt 7 auf Punkt 3 setzen; die 6 haben Sie blockiert, und diese kann Weiß dann nicht ziehen. Bei Ihrem Wurf haben Sie dann die Möglichkeit, mit jeder 5 und 6 Weiß zu treffen und den weißen Stein auf die Bar zu schicken. Weiß beginnt mit dem getroffenen Blot das Spiel von neuem, ausgehend von Point 24 bzw. 23. Kann Weiß sein Spiel (z. B. mit 2 und 6) fortsetzen, so kommen ihm einige schwarze Steine entgegen, die – bei entsprechenden Augenzahlen der Würfel – Weiß erneut schlagen können. Weiß beginnt sein Spiel wiederum von neuem.

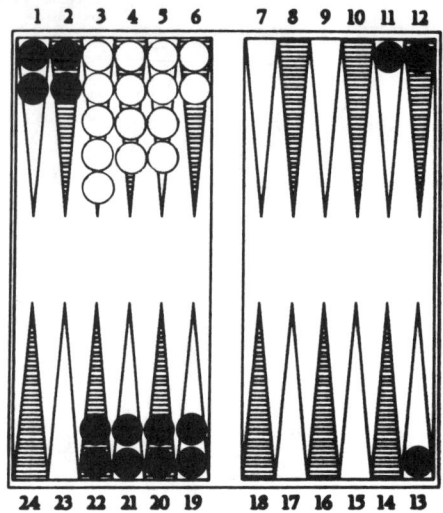

Grundbedingungen für Back-Game:

1. Zwei Punkte im Homeboard des Gegners,

2. gute Blockade im eigenen Heimfeld und

3. Laufsteine (z. B. Blots auf der 11, 12, 13).

Die Laufsteine benötigen Sie, um nicht so schnell Ihr Homeboard aufzubrechen.

Das Back-Game in der Praxis

Versuchen Sie bitte, anhand des folgenden Übungsspiels Ihr Wissen zu prüfen.

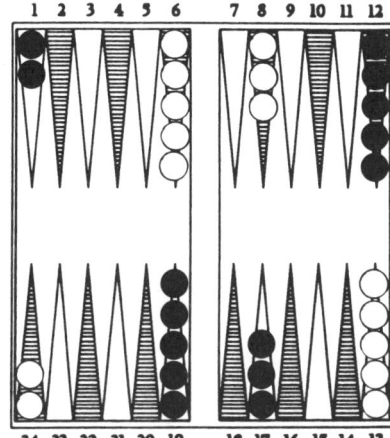

1 Schwarz beginnt das Spiel mit 4 und 1.

Zug? ....

1 Lösung:

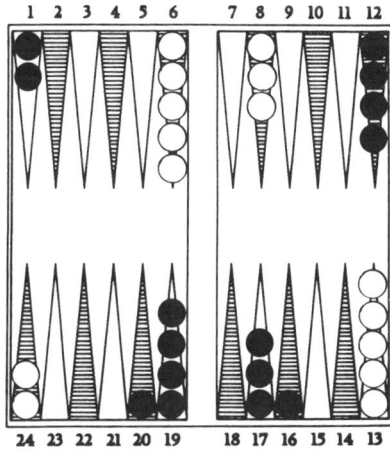

Schwarz zieht einen Stein von Punkt 12 auf Point 16 und einen weiteren von 19 auf 20.

Er versucht, im Folgewurf mit einigen Kombinationen wie Doppel 4, 2 und 2, Pasch 1 sowie 6 und 2, 3 und 1, jede 3 und jede direkte 1 den Punkt 20 zu besetzen.

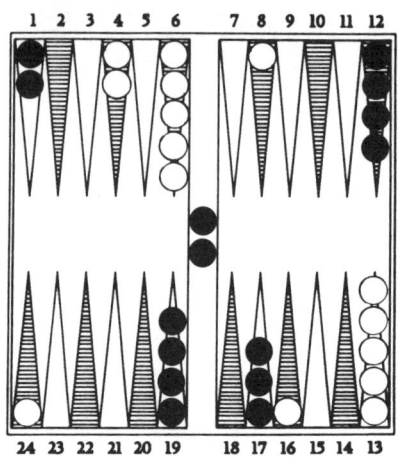

2 Weiß würfelt 4 und 4 und setzt von Punkt 24 auf die 20, schlägt den schwarzen Blot, zieht dann weiter auf Point 16 und schlägt auch diesen schwarzen Blot. Schwarz steht nun mit zwei Steinen auf der Bar. Mit den verbleibenden zwei 4ern bildet Weiß eine Blockade auf Point 4 (Zug: zwei Steine von 8 auf 4). Schwarz würfelt 5 und 2.

1. *Welchen Spieltyp spielen Sie?*

2. *Zug?* ....

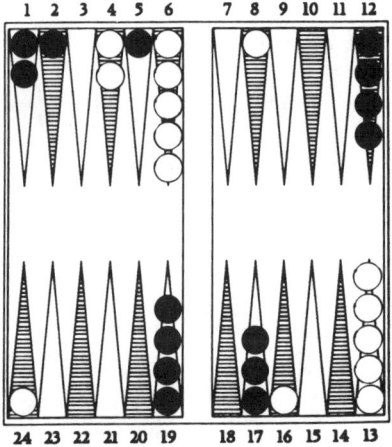

2 **Lösung:**

1. Sie sind gezwungen, ein Back-Game zu spielen (im Rennspiel liegen Sie hoffnungslos zurück).

2. Schwarz spielt zwei Steine von der Bar; mit der 2 auf Point 2 und mit der 5 auf Point 5.

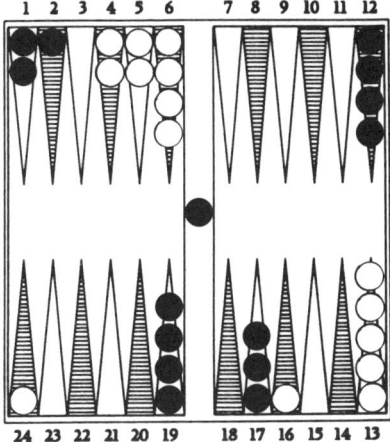

3 Weiß würfelt 3 und 1. Er zieht von Point 8 auf Point 5, schlägt dort den schwarzen Blot und schließt mit der 1 von der 6 den Punkt 5.

Schwarz würfelt 3 und 1.

Zug? ....

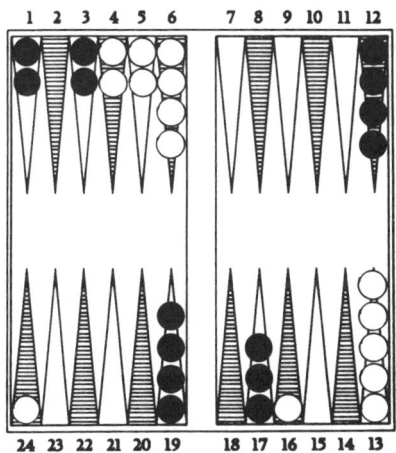

3 Lösung:

Schwarz setzt seinen Blot von der Bar auf Point 3 mit der Augenzahl 3. Die 1 verwendet er dazu, den Punkt 3 im gegnerischen Homeboard zu besetzen. Er hat somit zwei Blockaden im Heimfeld des Gegners gebildet und eine gute Ausgangsposition für ein Back-Game geschaffen.

Er muß jetzt bemüht sein, im eigenen Heimfeld Blockaden zu errichten.

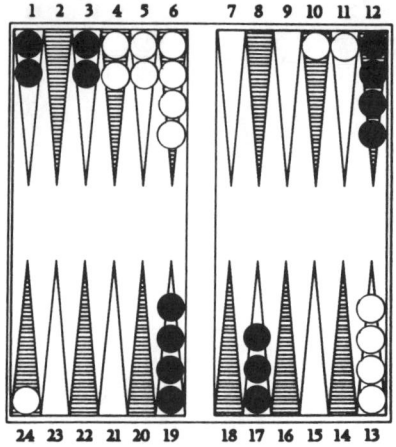

4 Weiß würfelt 6 und 2. Er zieht mit der 6 von Point 16 auf 10 und mit der 2 von Point 13 auf 11. Er verzichtet darauf, den Punkt 16 zu bilden. Seine Absicht ist klar: der Bar-Point.

Schwarz hat 6 und 1 zu ziehen.

Zug? ....

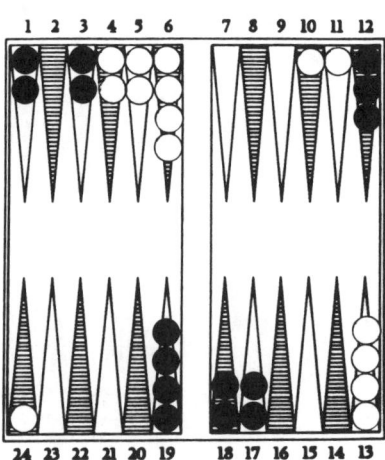

4 **Lösung:**

Schwarz schlägt den weißen Stein nicht auf Point 10, er gibt die Blockade auf Punkt 3 nicht auf (mit drei Steinen im Homeboard kann man schlecht gewinnen, nur mit viel Glück und ohne Können).

Schwarz spielt auf den Bar-Point (die 6 von der 12 auf die 18 und die 1 von der 17 auf die 18).

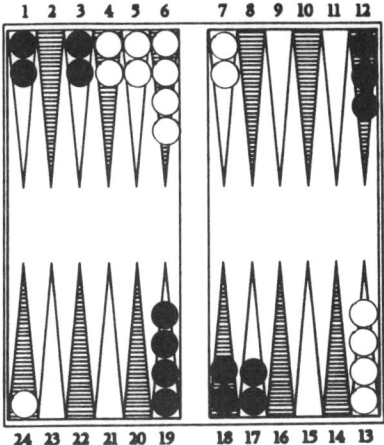

5 Weiß hat 4 und 3 zu ziehen.

Weiß spielt seine beiden Blots von den Points 10 und 11 auf den Bar-Point.

Schwarz würfelt 6 und 1.

Zug? ....

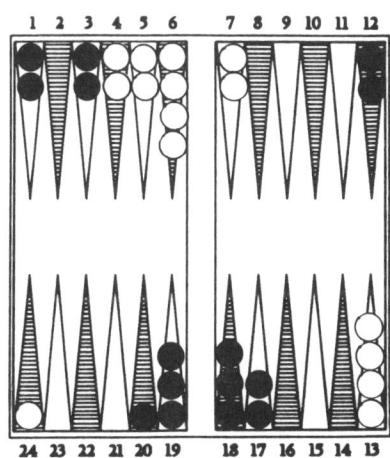

5 Lösung:

Schwarz zieht mit der 6 auf den Bar-Point. Die 1 zieht er auf Point 20, um hier eine weitere Blockade zu errichten; die 1 von 18 auf 19 zu spielen ist unwirtschaftlich, denn so werden keine Stellungsvorteile erspielt.

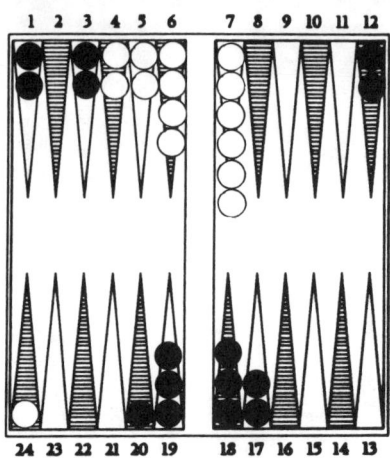

6 Weiß würfelt Pasch 6. Fast alle 6er hat Schwarz blockiert. Einzige Ausnahme: von 13 auf 7. Demzufolge muß Weiß alle vier Steine von Punkt 13 auf 7 spielen. Sie erkennen, manchmal können Pasche auch sehr ungünstig sein!

Schwarz würfelt 1 und 5.

Zug? ....

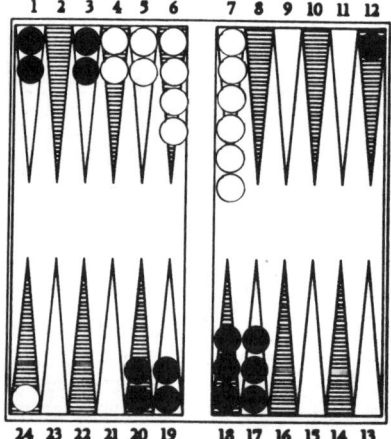

6 **Lösung:**

Mit der 1 schließt Schwarz von Punkt 19 den Punkt 20. Die 5 zieht er von Punkt 12 auf die 17.

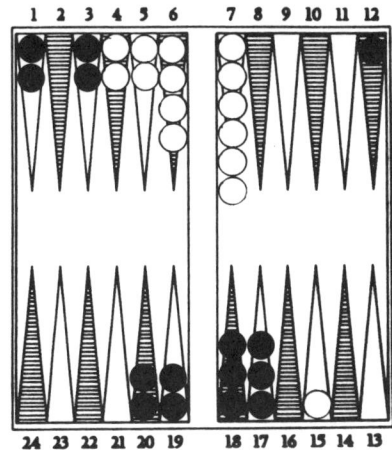

7 Weiß würfelt 6 und 3. Er aktiviert seinen letzten Renner und setzt von Point 24 auf Point 15.

Schwarz hat 6 und 4 zu ziehen.

Zug? ....

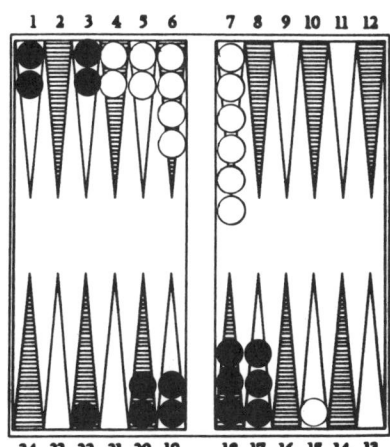

7 **Lösung:**

Schwarz zieht von Point 12 auf 22 *(Slotting)*.

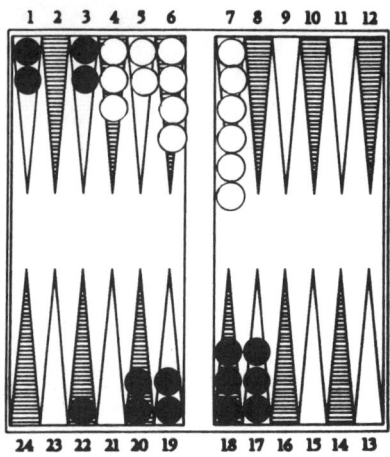

8 Weiß würfelt 6 und 5 und spielt seinen Stein von Point 15 auf 9 und weiter auf Point 4.

Schwarz würfelt 5 und 4.

Zug? ....

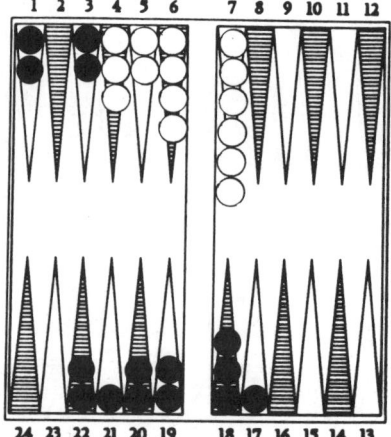

8 Lösung:

Mit der 5 schließt Schwarz den Punkt 22, und mit 4 slottet er auf Point 21.

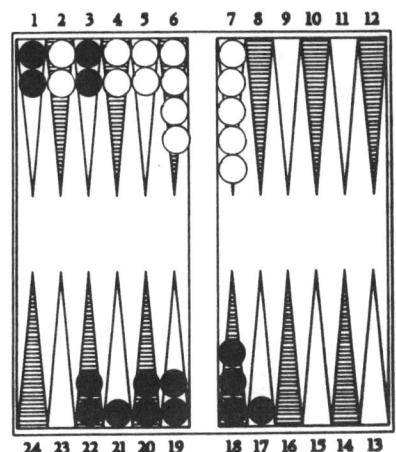

9 Weiß würfelt 5 und 2. Er zieht einen Stein von Punkt 7 auf Punkt 2 und einen weiteren von Punkt 4 ebenfalls auf Punkt 2.

Schwarz wartet nun auf eine Treffer-Chance.

Schwarz würfelt 2 und 1.

Zug? ....

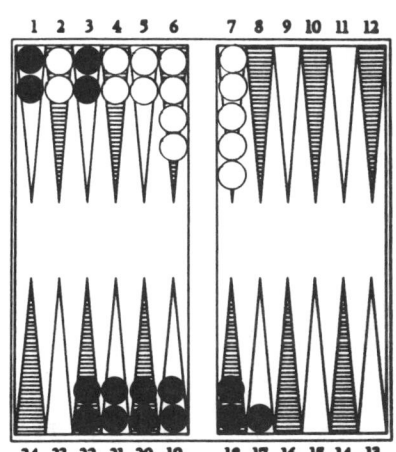

9 **Lösung:**

Schwarz zieht von Punkt 18 auf 21 und hat somit eine 5er-Prime.

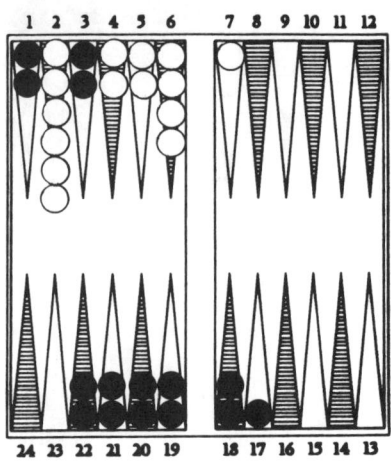

10 Weiß hat 5 und 5 zu ziehen. Er muß vier Steine von Punkt 7 ziehen.

Schwarz muß 4 und 2 ziehen.

Zug? ....

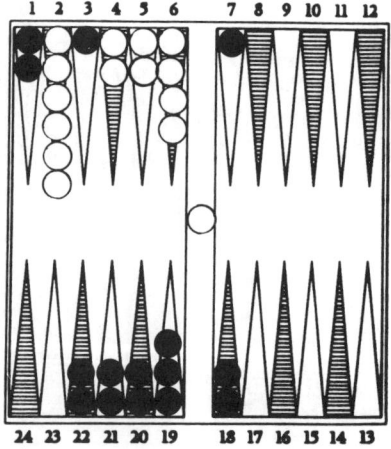

10 **Lösung:**

Mit der 4 schlägt Schwarz auf Point 7, und mit der 2 spielt er auf Punkt 19.

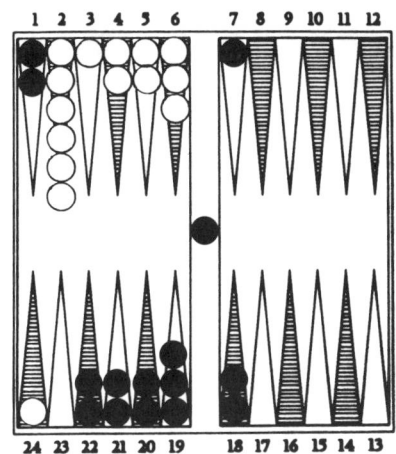

11 Weiß würfelt 1 und 3. Er setzt mit der 1 auf Point 24 von der Bar aus ein. Die 3 zieht er von 6 auf 3 und schickt damit Schwarz auf die Bar.

Schwarz würfelt 4 und 6.

Zug? ....

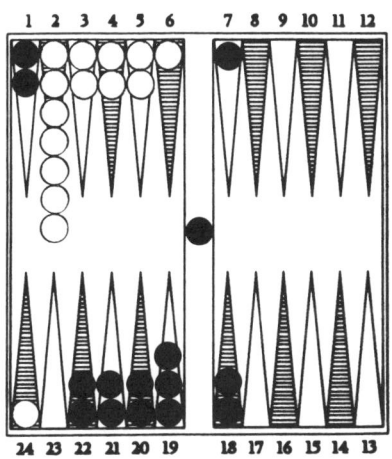

11 **Lösung:**

Schwarz kann nicht ziehen. Beide Positionen sind von Weiß blockiert.

Weiß würfelt 4 und 3. Er muß die 4 von Punkt 6 auf die 2 und die 3 von Punkt 6 auf die 3 ziehen.

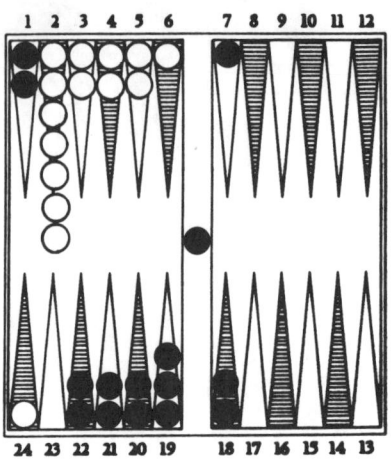

12 Schwarz würfelt 5 und 6.

Zug? ....

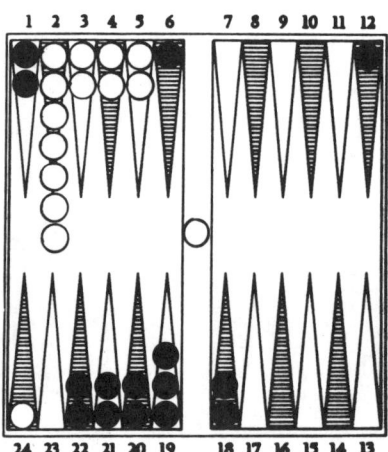

12 **Lösung:**

Schwarz schlägt mit der 6 auf Point 6 (Hereinspielen von der Bar) und verweist den weißen Blot aus dem Spiel auf die Bar. Die Augenzahl 5 zieht er von Point 7 auf die 12 (falls Weiß mit 2 und 6 die 5er-Prime überwindet, kann er den weißen Blot mit dem entsprechenden Wurf schlagen).

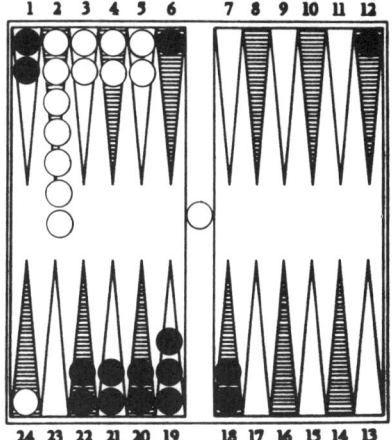

13 Weiß würfelt 5 und 4. Er kann seinen Stein von der Bar nicht ins Spiel zurückbringen.

Schwarz würfelt 5 und 5.

Zug? ....

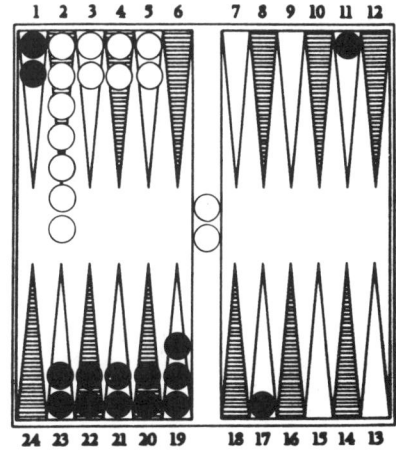

13 Lösung:

Schwarz hat mit Pasch 5 4mal die Augenzahl 5 zu ziehen. 2mal zieht er von Punkt 18 auf 23, mit einer 5 zieht er von Point 6 auf die 11 und mit der letzten 5 von Point 19 auf 24 (er versucht später, den Point 24 zu schließen *(Closed-Board)*).

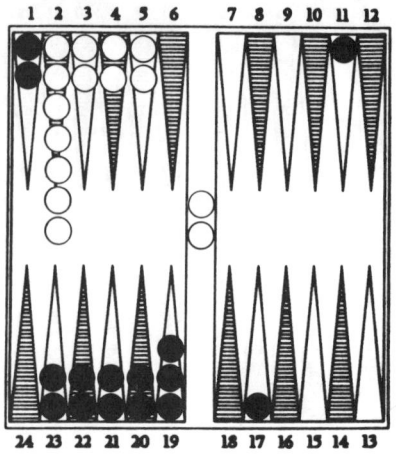

14 Weiß würfelt 3 und 6. Er kann das Spiel nicht fortsetzen.

Schwarz würfelt 6 und 3.

Zug? ....

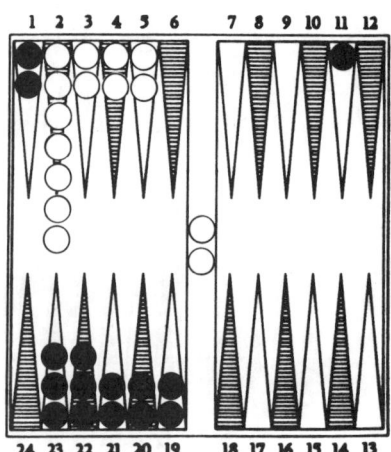

14 **Lösung:**

Schwarz zieht die 6 von Point 17 auf 23. Weiß hat zur Zeit keine Möglichkeit einzusetzen – alle Positionen hat Schwarz blockiert. Die Wurfzahl 3 zieht Schwarz von 19 auf 22.

Weitere Spielzüge:

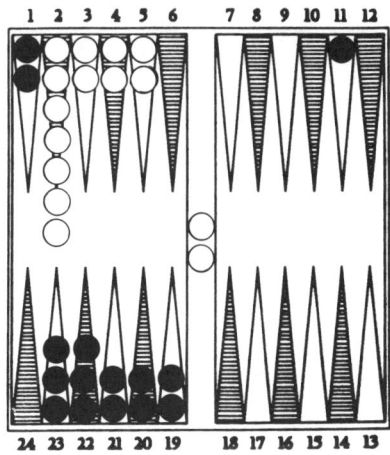

Weiß würfelt 5 und 4 und kann seine Steine nicht hereinspielen.

Schwarz würfelt 2 und 1.

Zug? ....

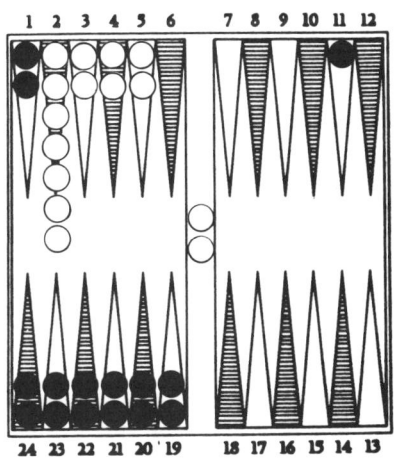

Lösung:

Schwarz zieht von Point 17 auf 24. Schwarz erhält ein geschlossenes Heimfeld.

Weiß kann nicht einsetzen.

Schwarz würfelt 6 und 5.

Zug? ....

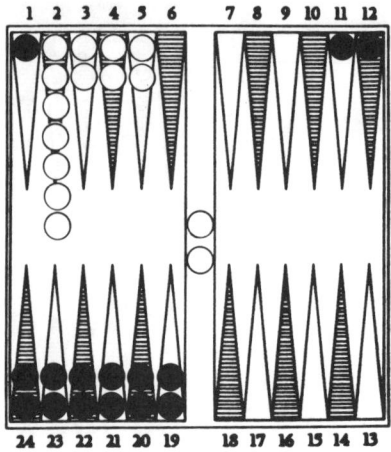

Lösung:

Schwarz zieht von Point 1 auf Point 12.

Weiß kann nicht von der Bar aus einsetzen; er braucht somit nicht zu würfeln.

Schwarz würfelt 6 und 5.

Zug? ....

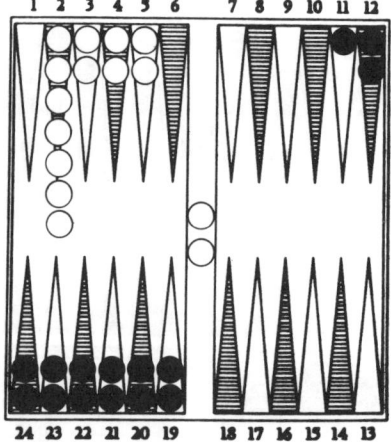

Lösung:

Schwarz zieht wiederum von Point 1 auf Point 12.

Weiß kann weiterhin nicht einsetzen.

Schwarz würfelt 1 und 1.

Zug? ....

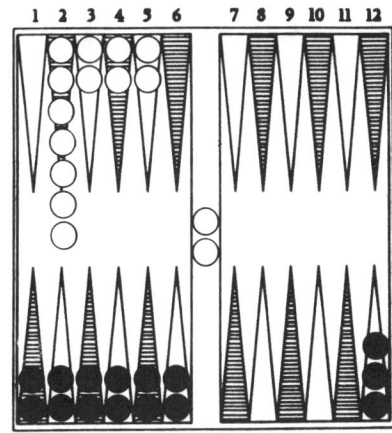

Lösung:

Schwarz zieht wie folgt:

- Die Augenzahl 1 von 11 nach 12,
- die Augenzahl 1 von 12 nach 13,
- die Augenzahl 1 von 12 nach 13,
- die Augenzahl 1 von 12 nach 13.

Für Weiß besteht abermals keine Möglichkeit, seine zwei Steine von der Bar einzusetzen.

Schwarz würfelt 6 und 5.

Zug? ....

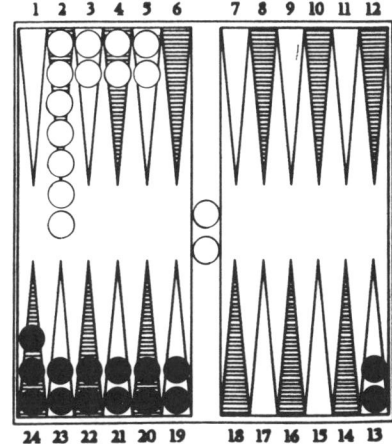

Lösung:

Schwarz zieht einen Stein von Punkt 13 durch auf Punkt 24.

Weiß kann nicht einsetzen.

Schwarz muß 6 und 5 ziehen.

Zug? ....

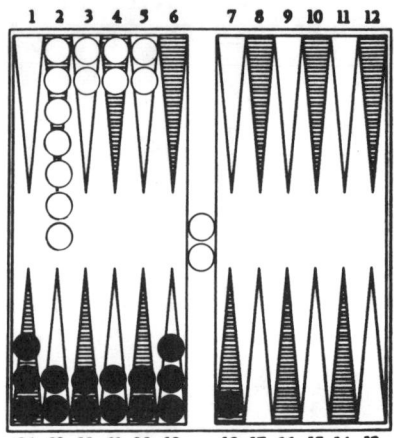

Lösung:

Schwarz zieht die 6 von Point 13 auf 19 und die 5 auf Point 18.

Weiß braucht nicht würfeln.

Schwarz hat 2 und 1 zu ziehen.

Zug? ....

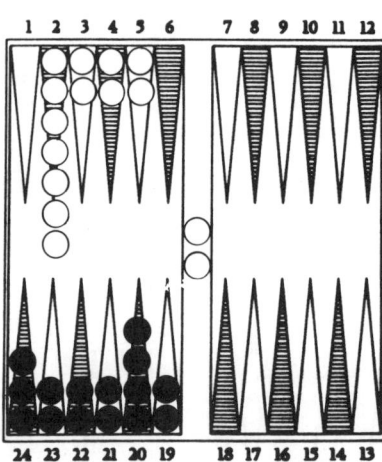

Lösung:

Schwarz setzt die 2 von Point 18 auf 20 und die 1 von Punkt 19 auf 20.

Diese Spielweise ist angezeigt, um bei den Folgewürfen Treffer-Chancen für Weiß zu vermeiden.

Für Weiß erübrigt sich das Würfeln, da er nicht von der Bar herein-spielen kann.

Schwarz würfelt 6 und 5.

Zug? ....

Lösung:

Schwarz trägt mit der 6 einen Stein von der 19 ab, und die 5 zieht er von 19 auf 24, damit Weiß keinen Treffer bekommt.

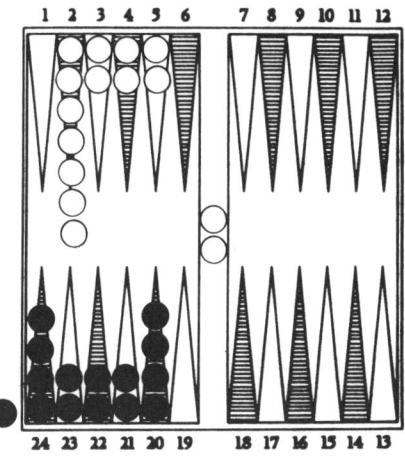

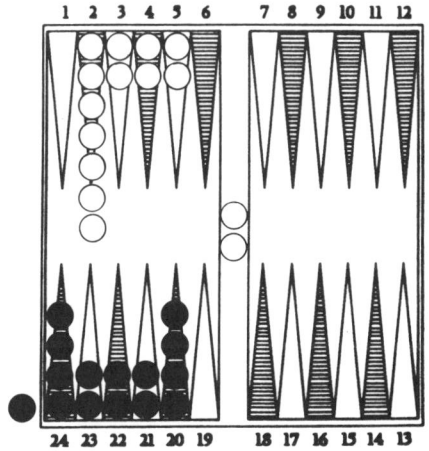

Da Schwarz nunmehr den Punkt 19 aufgelöst hat, besteht für Weiß die Möglichkeit (mit jeder 6), seine Steine wieder ins Spiel zu bringen.

Weiß würfelt 4 und 1. Beide Positionen sind von Schwarz blockiert, somit kann Weiß das Spiel nicht fortsetzen.

Schwarz würfelt 5 und 1.

Zug? ....

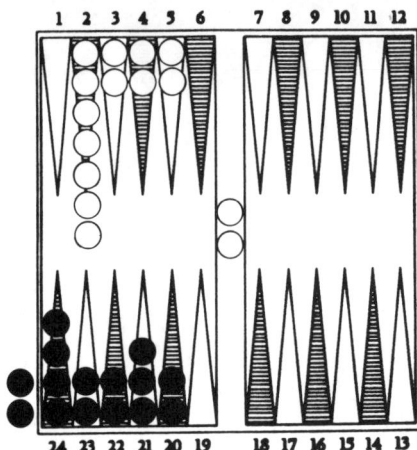

Lösung:

Schwarz trägt mit der 5 einen Stein von Punkt 20 ab. Mit der 1 zieht er ebenfalls von Punkt 20 auf die 21.

Nehmen wir an, Schwarz würde mit der 5 einen Stein von Punkt 24 abtragen und einen weiteren Stein von Punkt 24, so würde er für Weiß die Chance erhöhen, im nächsten Wurf einen Treffer auf Punkt 20 zu erzielen.

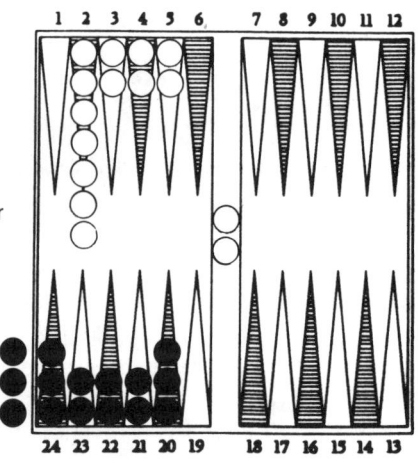

Zusatzfrage:

Schwarz trägt, wie vorher beschrieben, fehlerhaft ab.

Welche Folgewürfe von Schwarz geben Weiß hiernach einen Treffer auf 20?

Wie viele Chancen, wenn er richtig zieht?

Lösung:

Mit folgenden Würfen von Schwarz bekommt Weiß eine Treffer-Chance bei ungenauer Zugfolge:

6 und 6	
6 und 5	5 und 6
6 und 4	4 und 6
6 und 3	3 und 6
6 und 2	2 und 6
5 und 5	–
5 und 4	4 und 5
5 und 3	3 und 5
5 und 2	2 und 5
4 und 4	–

insgesamt 17 Wurfkombinationen

Zieht er gut – weniger
Chancen

6 und 6
5 und 5
4 und 4

insgesamt drei Wurfkombinationen

Wieder zurück zur eigentlichen Stellung. Weiß würfelt 6 und 3. Mit der 6 setzt er seinen Stein von der Bar auf Point 19 ein. Die 3 kann er nicht ziehen, da dieser Punkt (22) von Schwarz blockiert ist.

Schwarz würfelt 5 und 1.

Zug? ....

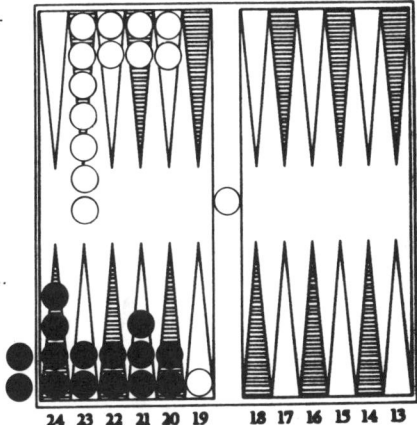

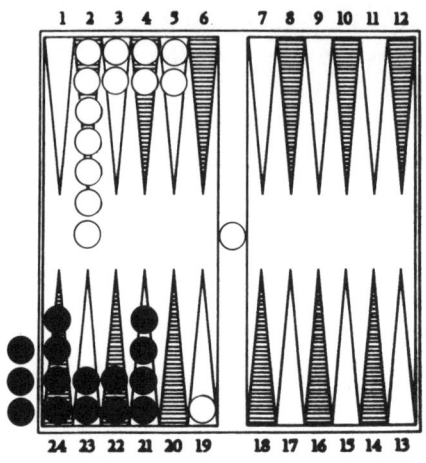

Lösung:

Die Augenzahl 5 benutzt Schwarz zum Abtragen vom Punkt 20, und mit der 1 zieht er von 20 auf 21. Er steht somit auf Punkt 21 mit vier Steinen (gerade) und hat keinen Fehlwurf beim nächsten Zug.

Weiß würfelt 1 und 1. Er kann seinen Stein wieder nicht von der Bar einbringen.

Schwarz würfelt 5 und 5.

Zug? ....

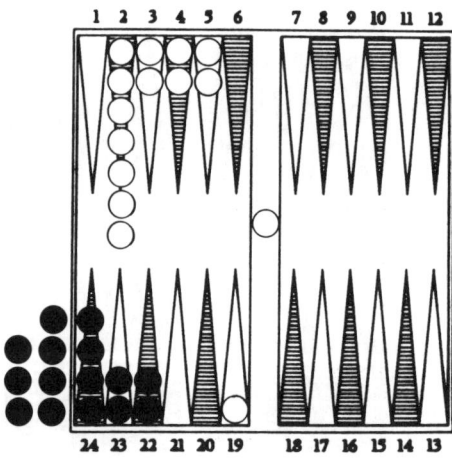

Lösung:

Schwarz nimmt von Punkt 21 vier Steine aus dem Spiel.

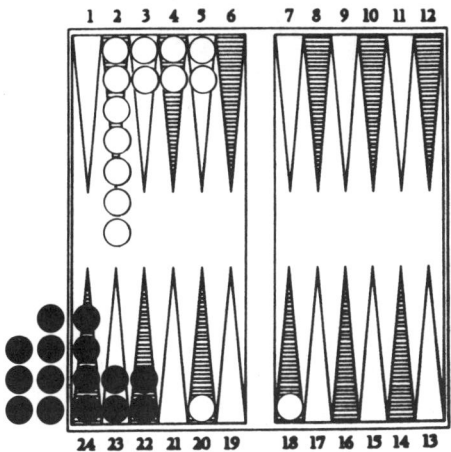

Weiß würfelt 5 und 1. Er setzt seinen Stein von der Bar auf Point 20 und zieht die 1 von 19 auf 18.

Schwarz würfelt 4 und 3.

Zug? ....

Lösung:

Schwarz trägt zwei Steine von Punkt 22 ab.

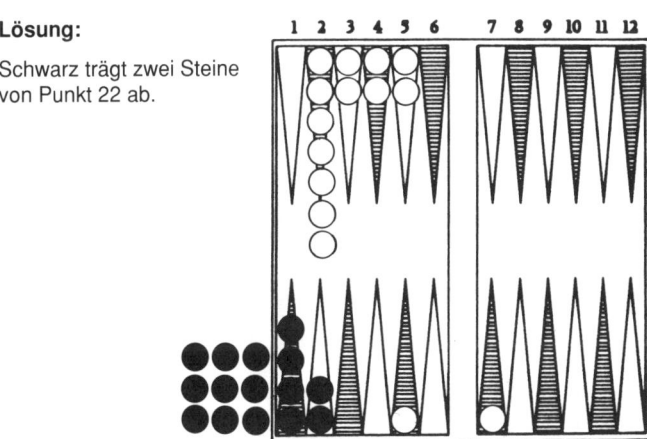

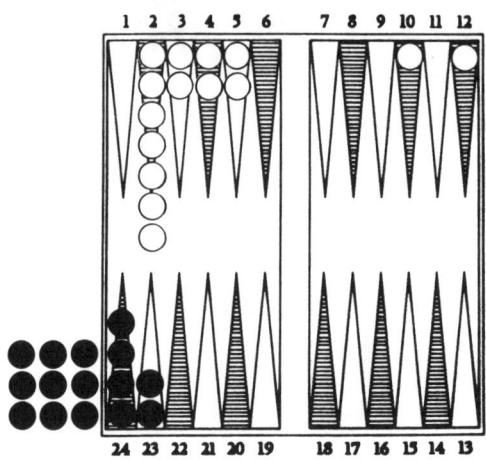

Weiß würfelt 4 und 4. Er zieht von Point 20 auf Point 12 durch und von 18 auf 10 (Crossover, um nicht Gammon zu verlieren).

Schwarz hat 3 und 2 zu ziehen.

Zug? ....

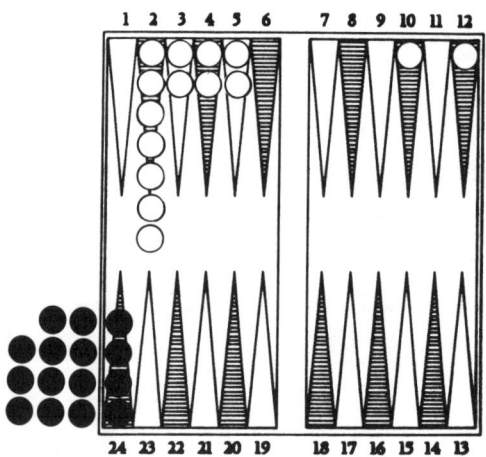

Lösung: Schwarz nimmt zwei Steine aus dem Spiel.

Einen Stein von Punkt 23 und einen weiteren Stein ebenfalls von Punkt 23.

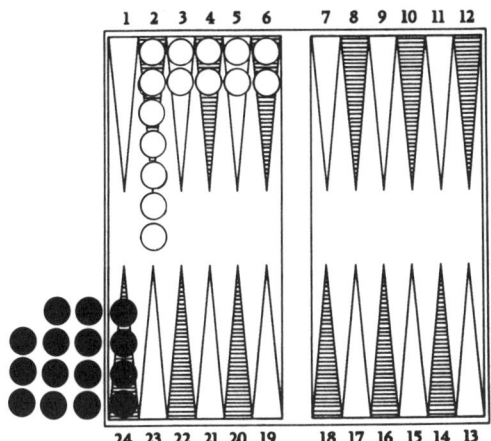

Weiß würfelt 6 und 4 und zieht beide Steine vom Außenfeld in sein Homeboard auf Point 6.

Schwarz würfelt 1 und 1. Er trägt alle vier Steine von Punkt 24 ab. Er gewinnt das Spiel.

Weiß verliert doppelt, da er noch keinen Stein abgetragen hat.

Tja, hier kann man sagen: »*Mancher hat mehr Glück als Recht*«.

Der Doppler

Der Verdoppelungswürfel *(Cube)* benötigt beim Backgammon-Spiel einen gezielten Einsatz. Die Verdoppelung mit diesem Würfel *(Cube-Action)* bedarf einer genauesten Beurteilung des Spielstandes. Das Verdoppeln entscheidet über Gewinn und Verlust und ist somit der Schlüssel über Sieg bzw. Niederlage!

Fehler beim Doppeln führen häufig zu unnötigen Spielverlusten. Es ist somit sehr ratsam, den Einsatz des Dopplers durch häufiges Spielen zu üben, um hier das nötige Verständnis für dessen Einsatz zu erreichen. Wie Sie mittlerweile durch die verschiedenen Spielvarianten erkannt haben, ist Backgammon auch ein Spiel, in dem mathematisches Verständnis erforderlich ist. Grob gesagt: Backgammon ist ein Spiel der Prozente; lassen Sie diese Prozente für sich arbeiten!

Die Verdoppelung ist kein Glücksfaktor, sondern Basismathematik. In diesem Buch kann über die Verdoppelung nicht alles aufgezeigt werden. Aus diesem Grund ist es unerläßlich, Erfahrungen durch Praxis zu erwerben.

★

Zu Spielbeginn wird der Doppelungswürfel in die Mitte des Spiels gelegt. Nachdem ein Spiel gewonnen oder verloren worden ist, ist der Einsatz grundsätzlich eine Einheit, d. h., Sie gewinnen z. B. ein Running-Game und somit einen Punkt. Entsprechendes gilt, wenn Sie verloren haben, so verlieren Sie eine Einheit. Wir unterscheiden die Verdoppelung beim *Money-Game* (Spiel um Geld) und beim *Tournament-Game* (Turnierspiel).

★

Eine Verdoppelung findet statt, indem der Doppler auf 2 gedreht wird. Der Dopplerwürfel weist die Zweierpotenzen auf (2, 4, 8, 16…). Sollten Sie bzw. Ihr Gegenspieler verdoppeln, so haben beide das Recht auf Ablehnung bzw. Annahme der Verdoppelung.

Haben Sie Ihren derzeitigen Spielstand beurteilt und sind der Auffassung, daß Sie einen spielerischen Vorteil haben, so sind Sie berechtigt, den Verdoppeler auf 2 zu drehen. Ihr Gegenspieler kann ablehnen und verliert eine Einheit, oder er kann die Verdoppelung annehmen; falls er das Spiel gewinnt, führt das zum Gewinn von zwei Einheiten.

Wird der Verdoppeler vom Spieler angenommen, so wird also grundsätzlich um zwei Einheiten gespielt. Ergeben sich im Laufe eines Spiels neue Aspekte (der Spieler, der den Verdoppeler angenommen hat, hat zwischenzeitlich eine bessere Stellung erspielt als der Würfelgeber), so hat der Spieler, der die Verdoppelung angenommen hat, als einziger die Möglichkeit zurückzudoppeln, d. h., er kann von 2 auf 4 erhöhen. Der Gegenspieler hat nun wiederum das Recht, entweder die Verdoppelung anzunehmen oder abzulehnen. Lehnt er ab, so verliert er in jedem Fall zwei Einheiten, und das Spiel wird sofort abgebrochen. Spielt er weiter und nimmt die Verdoppelung an, so kann er entweder vier Einheiten verlieren oder auch vier Einheiten gewinnen. Demzufolge hat der Spieler, der die Verdoppelung mit 4 annimmt, wiederum das Recht, eine weitere Verdoppelung vorzunehmen. Als Resümee ist zu sagen, eine Option auf das Zurückdoppeln hat nur der Spieler, der auch eine Verdoppelung annimmt.

Wird eine Verdoppelung abgelehnt, so nennt man das *Pass*, wird eine Verdoppelung angenommen, so sagt man *Take*. Wird eine Verdoppelung erst im Lauf eines Spiels vorgenommen, so spricht man von *Initial-Doppel*. Eine Verdoppelung darf erst nach dem ersten Wurf vorgenommen werden, d. h., beide Spieler müssen zunächst einmal gewürfelt haben, bevor sie verdoppeln dürfen.

Die erste Überlegung bei der Annahme einer Verdoppelung sollte sein, ob das Spiel auf Backgammon oder auf Gammon steht, d. h., ob das Spiel drei- oder zweifach verloren werden kann. Hat ein Spieler eine Verdoppelung mit 2 angenommen und verliert ein Spiel Gammon, so verliert er die Einheit mit 2 multipliziert. Verliert er ein Spiel Backgammon, so verliert er die Einheiten mit 3 multipliziert. Haben Sie einmal eine Verdoppelung angenommen und ist abzusehen, daß Ihr Gegenspieler auf Gammon steht, so sollten Sie nicht zurückdoppeln. Sie gewinnen natürlich entsprechend bei Gammon den zweifachen Wert der Verdoppelung. Würden Sie zurückdoppeln, wäre das ein Geschenk für Ihren Gegenspieler, da der Gegner mit Sicherheit ablehnt!

Aus den bisherigen Erläuterungen ist logischerweise abzuleiten, daß eine Verdoppelung nur dann stattfinden sollte, wenn Sie einen Spielvorteil haben. Eine Verdoppelung sollten Sie nur dann annehmen, wenn Ihre Verlustchancen niedriger als 3 zu 1 sind. Verdoppeln sollten Sie, wenn Ihre Gewinnaussichten besser als 2 zu 1 sind. Bedenken Sie z. B. bei einem Running-Game, daß Sie nur dann verdoppeln, wenn Ihr Gegner z. B. mehr als acht Pips (Durchschnittswurf = 7) zurückliegt.

In diesem Kapitel werden Ihnen anhand von Schaubildern Verdoppelungstechniken vorgestellt (vgl. S. 140 ff.). Wie bereits erwähnt, sollten Sie jede Verdoppelung annehmen, wenn Ihre Verlustchancen niedriger als 3 zu 1 sind.

Nehmen wir einmal folgende Situation an:

Beim Abtragen Ihrer Steine führen 26 mögliche Wurfkombinationen zum Sieg. Mit zehn Wurfkombinationen verlieren Sie das Spiel. Das heißt also, daß Sie mit 26 zu 10 Favorit sind, das Spiel zu gewinnen. Das Verhältnis beträgt 2,6 zu 1, d. h. also, Sie liegen unter dem Wert 3 zu 1. Aus diesem Grund sollten Sie eine Verdoppelung annehmen. Dieselbe logische Schlußfolgerung ist, Sie sollten verdoppeln, wenn Ihre Gewinnchancen besser als 2 zu 1 sind.

▶ Wägen Sie also bei den drei Grundspielarten Running-Game, Blocking-Game und Back-Game genau ab, wie Ihre Verlustbzw. Gewinnchancen sind.

Im Lauf eines Spiels kann es passieren, daß beide Spieler denselben Spielstand haben. Es sei dann nicht unerwähnt, daß beide Spieler sich durch freiwilligen Vergleich auf eine bestimmte Einheit einigen können, d. h., an einem Beispiel aufgezeigt (es liegt z. B. der Verdoppler auf 8), daß beide ein neues Spiel vereinbaren bzw. – falls einer der Spieler eine minimale Gewinnchance hat –, daß man sich z. B. auf einen Verlust von vier Einheiten einigt.

Wichtig zu erwähnen ist noch: Falls Ihr Gegenspieler ein 6er-Board hat und Sie nicht einsetzen können, Sie zwar nicht würfeln brauchen, Sie aber jederzeit das Recht auf Verdoppelung haben.

Abschließend möchte ich Ihnen noch folgende Sonderregelungen des Verdoppelns vorstellen:

1. Die *automatische Verdoppelung* (werfen beide zu Spielbeginn einen Pasch, so wird der Würfel sofort auf 2 gedreht),

2. die *Crawford-Regelung* beim Turnierspiel (es darf ein Punkt vor Matchgewinn nicht gedoppelt werden),

3. die *Jakobi-Regelung* (der Spieler verliert bei Gammon nur dann doppelte Einheiten, wenn der Doppler gedreht worden ist) und

4. *Beaver:* Der Spieler, der die Verdoppelung annimmt, hat das Recht, sofort zurückzudrehen, und hat – falls das Spiel sich ändert – die Möglichkeit der Re-Doppelung an seinen Gegenspieler.

Der Doppler in der Praxis

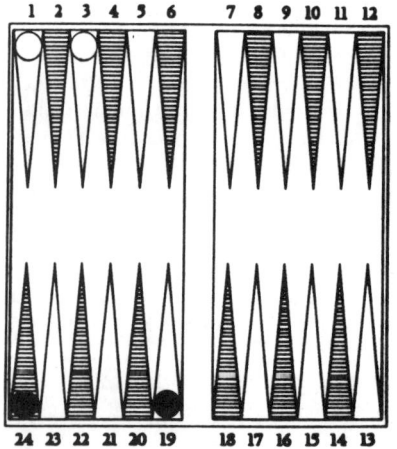

Verdoppelung beim Abtragen

Sollte Schwarz doppeln?

Nein, Schwarz hat zu viele Fehlwürfe (5 – 1, 5 – 2 ... / 4 – 1, 4 – 2 ... / 3 – 1, 3 – 2 ...). Bei Weiß verliert nur der Wurf 2 – 1.

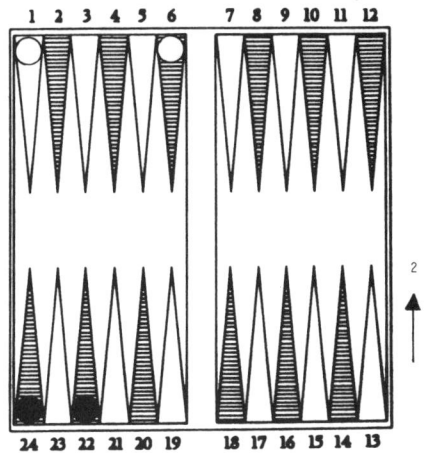

In dieser Stellung sollte Schwarz verdoppeln und Weiß die Verdoppelung ablehnen.

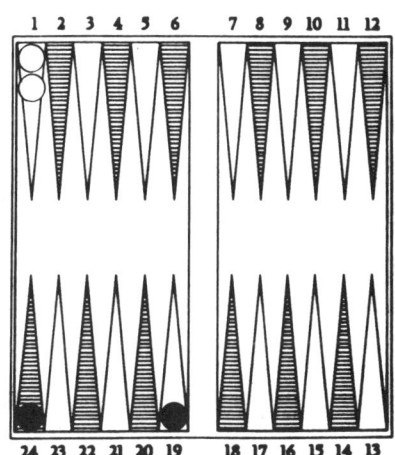

Bei diesem Spielstand sollte Schwarz nicht doppeln.

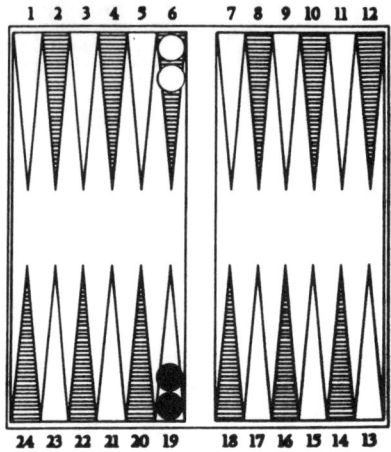

Hier sollte ebenfalls keine Verdoppelung stattfinden.

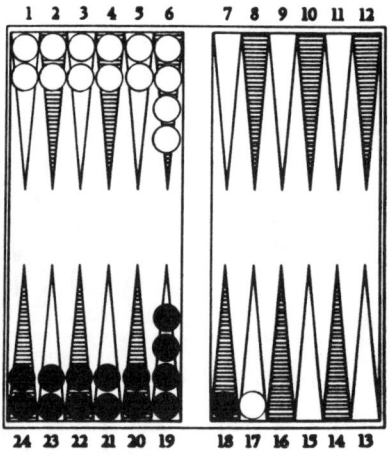

Verdoppelung im Running-Game:

Sollte Schwarz doppeln?

Ja, er liegt um zehn Pips vorne.

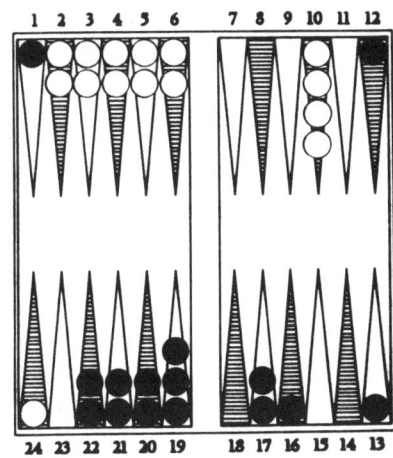

Verdoppelung im Blocking-Game:

Sollte Schwarz doppeln?

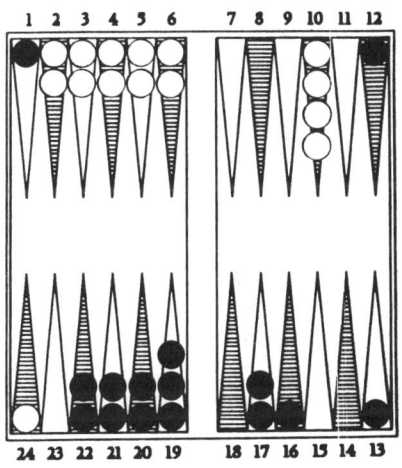

Hier sollte Schwarz doppeln (sehr gute Chancen, eine 6er-Prime aufzubauen).

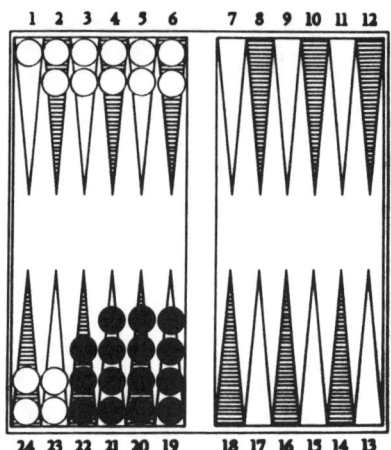

Verdoppelung im Back-Game:

Sollte Schwarz doppeln?

Nein, er kann Gammon bzw. Backgammon gewinnen. Außerdem kann Weiß unter Umständen noch einen Treffer bekommen!

Übungen

Fragen:

1 Weiß ist am Wurf und nimmt eine Verdoppelung auf 2 vor.

Sollte Schwarz das Doppel annehmen oder ablehnen? (s. Schaubild 1)?

2 Schwarz ist am Wurf. Sollte er auf 2 verdoppeln?

Take oder Pass für Weiß (s. Schaubild 2)?

3 Schwarz hat alle Steine abgetragen.

Weiß hat vor einigen Spielzügen Schwarz den Doppler mit 2 gegeben. Schwarz hat die Verdoppelung angenommen (s. Schaubild 3, S. 146).

Wieviel Einheiten verliert Weiß?

Schaubild 1

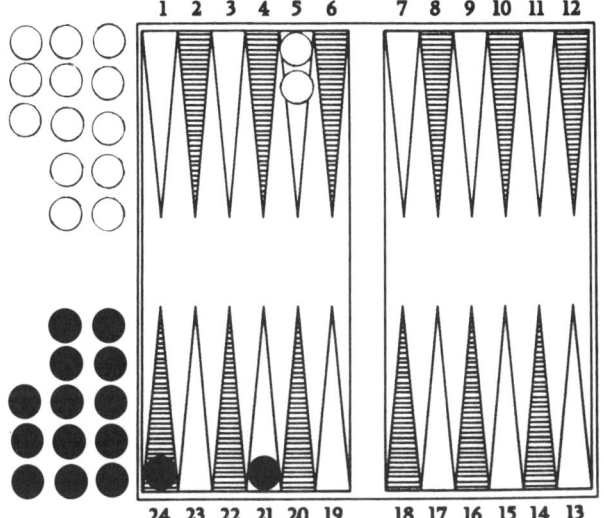

Schaubild 2

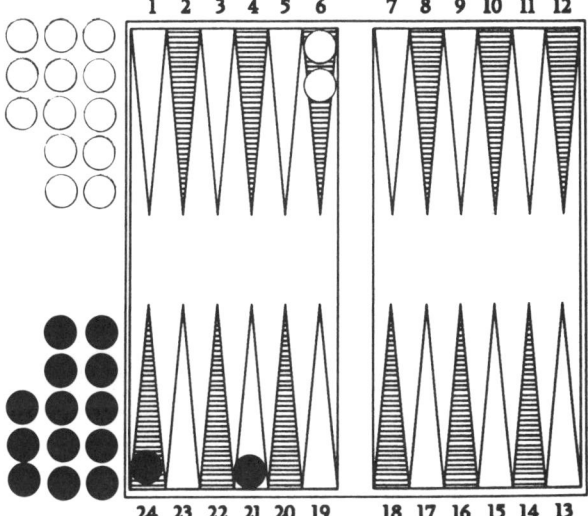

Schaubild 3

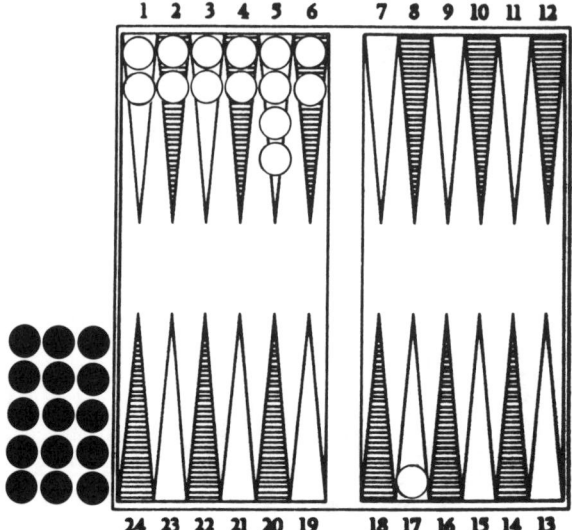

Lösungen

1 Schwarz sollte klar die Verdoppelung annehmen (Take).

Weiß gewinnt mit folgenden Würfen:

Pasch 6		1
Pasch 5		1
Pasch 4		1
Pasch 3		1
6 – 5	5 – 6	2
		6 insgesamt

Weiß verliert mit folgenden Würfen:

Pasch 1		1
Pasch 2		1
6 – 4	4 – 6	2
6 – 3	3 – 6	2
6 – 2	2 – 6	2
6 – 1	1 – 6	2
5 – 4	4 – 5	2
5 – 3	3 – 5	2
5 – 2	2 – 5	2
5 – 1	1 – 5	2
4 – 3	3 – 4	2
4 – 2	2 – 4	2
4 – 1	1 – 4	2
3 – 2	2 – 3	2
3 – 1	1 – 3	2
2 – 1	1 – 2	2
		30 insgesamt

Verlust: 30   **Gewinn: 6**

Verhältnis: 5 : 1

2 Schwarz sollte verdoppeln. Er gewinnt mit 29 Würfen und verliert mit 7 Würfen.

(Pasch 1, 3 – 1, 1 – 3, 3 – 2, 2 – 3, 2 – 1, 1 – 2)

Weiß sollte passen.

3 Weiß hat in jedem Fall zwei Einheiten verloren. Da er noch keinen eigenen Stein abgetragen hat, verliert er vier Einheiten.

(Gammon = Verdoppelung mal 2 = 4)

Schlußwort

> *»Der Mensch spielt nur da,*
> *wo er Mensch im vollsten Sinne*
> *des Wortes ist, und er ist nur*
> *da wirklich Mensch, wo er spielt.*
> *Es ist das Spiel und nur das Spiel,*
> *was den Menschen vollständig macht.«*

Nun, am Ende dieses Buches, möchte ich Ihnen für die Zukunft spannende und unterhaltsame Spiele wünschen. Da etwas Glück auch zu Backgammon gehört, wünsche ich Ihnen viel davon!

Die eigentlichen Elemente jedes Spiels sind Zufall u n d Regeln. Als Spieler muß man sich diesen Regeln unterwerfen. SCHILLER sagt hierzu sinngemäß:

> *»Ein Spieler muß*
> *die Regeln als solche kennen*
> *und anerkennen.«*

Der Entschluß zu spielen ist immer frei und ohne Zwang. Diese Freiwilligkeit ist die oberste Regel aller Spiele.

An dieser Stelle möchte ich mich für die freundliche Unterstützung zu diesem Buch bei meiner Ehefrau Antonia sowie Frau Sabine Bukowski bedanken.

Anhang

Kleines Backgammon-Lexikon

Ace-point-Game, Punkt 1 im gegnerischen Homeboard besetzt halten (Optimierung für Backgame)

Anker, einen Punkt im gegnerischen Homeboard besitzen

Back-Game, Spiel zurück: Mit vier Steinen im gegnerischen Homeboard ein Kontraspiel aufbauen

Backgammon, Bezeichnung des Spiels; Spiel auf der Rückseite

Backgammon, drei Einheiten verlieren

Bar, die Abtrennung zwischen beiden Spielhälften

Bar-Point, Punkt 7; direkt hinter der Bar im Außenfeld

Beaver, sofortige Re-Doppelung

Blocking-Game, Blockadespiel

Board, Spielbrett

Builder, Baustein, wird herangeführt in der Erwartung, einen Punkt zu bilden

Closed-Board, Geschlossenes Heimfeld (6er-Prime); alle Punkte im eigenen Feld geschlossen

Crawford-Regel, ein Punkt vor Matchgewinn darf der Verdoppelungswürfel vom rückständigen Spieler nicht benutzt werden

Crossover, Spielzug von einem ins andere Spielfeld (z. B. von Punkt 11 auf 14)

Crunch-Position, zerstörte Position im Homeboard mit wenig Punkten

Cube, Verdoppelungswürfel

Cube-Action, Einsatz des Verdoppelers

Gammon, ein Spiel wird doppelt verloren

Golden-Point, der 5. Punkt im gegnerischen Homeboard

Holding-Game, ähnlich wie das Back-Game, jedoch Blockade auf den höheren Points im gegnerischen Homeboard

Homeboard, Heimfeld

Initialdoppel, Verdoppelung aus der Mitte des Spiels

Jakobi-Regel, kein Gammon ohne Verdoppelung

Joker-Wurf, ein einziger Glückswurf

Lovers-Leap, Wurf 6 + 5, um einen hinteren Renner zu sichern

Mid-Point, der Punkt 13, 12 im Außenfeld

Money-Game, Spiel um Geld oder sonstige Einheiten (Sandkörner)

No-Contact-Game, Rennspiel

Outerboard, Außenfeld

Pass, Ablehnung einer Verdoppelung

Pipcount, der Vergleich der Spielsteine beider Spieler bis zum Abtragen aller Steine. Auszählen der Distanz

Pips, Distanz zwischen zwei Steinen

Point, Bezeichnung eines Spielpunktes (Punkt 7 = Bar-Point)

Prime, Blockade-Sequenz

Punkte, eine Blockade bilden durch mindestens zwei Steine

Renner, die am weitesten entfernten eigenen Spielsteine

Running-Game, Rennspiel

slotten, einen einzelnen Stein im Homeboard plazieren

Take, Verdoppelung annehmen

Timing, Zeitfaktor beim Backgame

Tournament-Game, Turnierspiel

Register

Notizen zur Backgammon-Praxis:

Notizen zur Backgammon-Praxis:

humboldt-taschenbücher

Praktische Ratgeber

Haushalt
Partybuch (231)
Kaufberater Biokost (608)
Haushaltsreparaturen selber
  machen (635)
Umweltschutz (642)
Schutz vor Einbruch, Diebstahl (663)

Getränke
Mixgetränke (218)
Alkoholfreie Mixgetränke (396)

Kind und Erziehung
Vornamen (210/505)
Unser Baby (233)
Schwangerschaft/Geburt (392)
Schwangerschafts-Gymnastik (468)
Gymnastik f. Baby u. Kleinkind (602)
Ich werde Vater (630)
Kinderspiele für unterwegs (631)
Kinderfeste (651)

Tips für Kinder
Kinderspiele (47)
Was Kinder basteln (172)
Was Kinder gerne raten (193)

Gesundheit
Erste Hilfe (207)
Kneippkur (230)
Autogenes Training (336)
Rückenschmerzen (339)
Guter Schlaf (354)
Rheuma (364)
Allergien (365)
Sauna (406)
Heilfasten (407)
Kopfschmerzen (408)
Entspannungs-Training (430)
Depressionen (431)
Bandscheibenbeschwerden (442)
Schluß mit dem Streß! (452)
Selbsthilfe durch Autogenes
  Training (466)
Elektro-Akupunktur (480)
Kranke Seele (484)
Biorhythmus (494)
Autogenes Training
  und Meditation (510)
Hämorrhoiden + Darmleiden (518)
Chinesische Atem- und
  Heilgymnastik (534)
Homöopathie (553)
Erfolgsgeheimnis Selbst-
  hypnose (571)
Schluß mit dem Rauchen! (572)
Ratgeber Wechseljahre (589)
Rezeptfreie Medikamente (593)

Aktiv gegen den Krebs (598)
Ratgeber Heuschnupfen (605)
Abwehrkräfte stärken (616)
Ratgeber Kinderkrankheiten (619)
Aktiv gegen Bluthochdruck (632)
Wassergymnastik (633)
Aktiv gegen Zellulitis (640)
Gymnastik bei Bandscheiben-
  schäden (647)
Ärztlicher Ratgeber für die Reise
  (655)
Teste deine Gesundheit (656)
Ratgeber Hormone (658)
Gesunde und schöne Zähne (661)

Schönheit
Welche Farben stehen mir? (577)
Schöner durch Naturkosmetik (648)

Praktische Lebenshilfe
So lernt man leichter (191)
Traumbuch (226)
Reden f. jeden Anlaß (247)
Handschriften deuten (274)
Gästebuch (287)
Gutes Benehmen (303)
Gedächtnis-Training (313)
Superlearning (491)
Testament und Nachlaß (514)
Hochzeitsratgeber (529)
Prüfe Deine Menschen-
  kenntnis (531)
Mietrecht knapp + klar (532)
Schlankwerden (550)
Ernährungsratgeber (586)
Yoga für Frauen (588)
Körpersprache (590)
Behörden-Wegweiser (592)
Das korrekte Testament (594)
Weniger Steuer zahlen (595)
Flirten – aber wie? (606)
Selbstsicher – selbstbewußt (609)
Teste deine Allgemeinbildung (618)
Positiv denken und leben (622)
1000 Ideen für fröhliche Feste (623)
Rhetorik (627)
Mein Geld (636)
Gutes Gedächtnis (639)
Trennung positiv bewältigen (644)
Geliebt werden – aber wie? (654)
Endlich 50! (657)
Nährwertplaner (659)
Bleib cool! (660)
Linkshändig? (669)

Computer
BASIC Anfänger (456)
BASIC Fortgeschrittene (496)
Lernen mit dem Homecomputer (525)

Spielend Programmieren (526)
Programmiersprache PASCAL (551)
So finde ich den richtigen
  Computer (564)
Bausteine für
  BASIC-Programme (591)
Computer – 1×1 fürs Büro (638)

Briefe schreiben
Geschäftsbriefe (229)
Komma-Lexikon (259)
Briefe besser schreiben (301)
Liebesbriefe schreiben (377)
Gutes Deutsch – der Schlüssel
  zum Erfolg! (535)
Musterbriefe für den
  persönlichen Bereich (538)
Dichten und Reimen (545)
Fehlerfrei schreiben (569)

Beruf
Buchführung (211)
So bewirbt man sich (255)
Eignungstests (463)
Existenzgründung (498)
Sich bewerben und vorstellen (537)
Eignungs- und
  Persönlichkeitstests (548)
Arbeitszeugnisse (573)
Prüfungen – mit Erfolg! (582)
Behörden-Wegweiser (592)
Arbeitslos – was nun? (597)
Berufe mit Zukunft (604)
Erfolg ist trainierbar (614)
Erfolgsgeheimnis Zeiteinteilung (624)
Jeder kann Karriere machen (641)
Tests für die Berufswahl (643)
Umgang mit Chefs und
  Kollegen (662)
Die perfekte Bewerbung (665)

Zimmerpflanzen/Blumen
Zimmerpflanzen (270)
100 schönste Kakteen (370)
Die schönsten Zimmerpfl. (428)
Wenn Zimmerpflanzen
  nicht gedeihen (549)
Zimmerpflanzen selbst ziehen (585)

Haustiere
Katzen (212)
Schäferhunde (298)
Wie erziehe ich m. Hund (371)
Aquarienfische (447)
Welcher Hundetyp (512)
Meine Wohnungskatze (536)
Was will meine Katze
  mir sagen? (557)
Meine kranke Katze (611)

Kochen

Küchentips
Vegetarische Küche (503)
Vollwertkost (504)
Brotbacken (576)
Mikrowelle (599)

Diät/Leichte Kost
Diät f. Diabetiker (257)
Diät f. Leber/Gallenkr. (260)
Diabetiker-Backbuch (570)
Das Bio-Kochbuch (629)

Kalte Küche
Salate (286)

Fleisch- u. Fischgerichte
Fondue (294)

Ausländische Küche
Ital. Küche (328)

Freizeit-Hobby-Quiz

Mein liebstes Hobby
Mein Aquarium (272)
Deutsche Volks- und
  Wanderlieder (331)

Tanzen (362)
Elektron. Bauelemente (414)
Kegelspiele (487)
Folkgitarre (555)

Elektron. Basteln (560)
Schöne Lieder für Kinder (610)
Humboldt-
  Briefmarkenbuch (620)

humboldt-taschenbücher